PRIVACIDADE PARA ENGENHEIROS DE SOFTWARE: UM GUIA PRÁTICO PARA PROTEÇÃO DE DADOS E COMPLIANCE

Conceitos, Técnicas e Boas Práticas para Implementar a Privacidade no Desenvolvimento de Software

Marison Souza

ÍNDICE

Página do título
Introdução
Prefácio
Capítulo 1   1
Regulamentações de Privacidade   8
Padrões e Frameworks de Privacidade   19
Estrutura de um Programa de Privacidade   44
Análise do Ciclo de Vida de Dados   51
Capítulo 2   58
Privacidade por Design e por Padrão   59
Arquiteturas para Dados Sensíveis   69
Anonimização   84
Pseudonimização   90
Privacidade Diferencial   97
Técnicas Avançadas de Preservação da Privacidade   101
Técnicas de Minimização de Dados   109
Gerenciamento de Cookies para Privacidade   116
Atendimento dos Titulares de Dados   124
Política de Privacidade e Transparência   133
Capítulo 3   137
Fundamentos de Segurança no Desenvolvimento de   138

Software

Práticas de Codificação Segura e Prevenção de Vulnerabilidades	143
DevSecOps: Integrando Segurança no Ciclo de Desenvolvimento	148
Proteção de Dados em Ambientes de Nuvem	153
Técnicas de Ofuscação de Dados para Ambientes de Teste	159
Uso de APIs de Terceiros	166
Privacidade em Dispositivos IoT (Internet das Coisas)	170
Privacidade em Aplicações de Inteligência Artificial e Machine Learning	174
Blockchain : Privacidade e Imutabilidade	178
Zero-Knowledge Proof (ZKP) - Prova de Conhecimento Zero	184
Teste de Software para Privacidade	189
Considerações Finais	192
Glossário	195
Sobre o autor	203

INTRODUÇÃO

Privacidade não é só cumprir regra – é sobre ganhar a confiança das pessoas. Se uma empresa perde essa confiança, nenhum compliance salva. Hoje, cada clique, compra ou cadastro deixa rastros digitais. E se você é engenheiro de software, parte do seu trabalho é garantir que esses dados sejam tratados com respeito antes que um problema vire manchete. Mais do que atender às obrigações legais, está em jogo a confiança daqueles que escolhem se relacionar com essas empresas.

E confiança, como sabemos, é construída ao longo do tempo, mas pode ser destruída em um clique.

Quem tá puxando essa mudança são os times que mexem com privacidade. Papéis como o de Data Protection Officer (DPO) surgem como figuras estratégicas, conectando as exigências legais à operação prática, atuando tanto como guardiões da conformidade quanto como defensores dos direitos de privacidade. Ao lado deles, Chief Privacy Officers, analistas e engenheiros de privacidade formam times essenciais para enfrentar os desafios crescentes de proteger dados e, ao mesmo tempo, impulsionar a eficiência e a inovação nos negócios.

O que me intriga nesse cenário é o abismo que perdura entre o discurso e a prática. Apesar das regulamentações e dos objetivos bem definidos, os profissionais técnicos frequentemente se deparam com a mesma pergunta:

Como implementar isso na prática?

Essa lacuna entre o conhecimento teórico e a execução técnica foi o que me motivou a explorar e compartilhar este tema.

Os canais digitais exemplificam bem essa complexidade. Eles são a linha de frente por onde dados fluem em volumes imensos, com uma velocidade impossível de prever e um risco constante de vazamento ou uso indevido de dados pessoais. Cada clique, formulário ou transação gera um fluxo de informações que precisa ser monitorado, protegido e tratado com responsabilidade. Nesse ambiente, qualquer falha pode ter consequências devastadoras, tanto para os usuários quanto para as organizações.

Proteger dados é mais que técnica — é respeito. Aqui, você vê como fazer isso na prática

Privacidade não é um luxo, mas um direito fundamental que deve guiar cada decisão tomada por criadores, desenvolvedores e operadores de sistemas tecnológicos. Isso reforça a necessidade de uma nova geração de profissionais: pessoas que não apenas dominem os fundamentos da segurança da informação, mas que também saibam transformar princípios de privacidade em realidade técnica.

Engenheiros de software, desenvolvedores e arquitetos de sistemas ocupam uma posição central nessa mudança. Eles não são mais apenas construtores de ferramentas; são guardiões da privacidade, responsáveis por incorporar práticas de proteção de dados diretamente no código, nas configurações, nos sistemas e nos processos operacionais. Esses profissionais colaboram com especialistas em segurança, equipes jurídicas e, acima de tudo, com os próprios usuários, para criar soluções que sejam tanto funcionais quanto éticas.

O aspecto mais inspirador desse cenário é o potencial de inovação que a privacidade traz. Ao contrário do que muitos imaginam, implementar práticas de proteção de dados não restringe a criatividade, mas a desafia.

Como projetar sistemas que respeitem a privacidade sem comprometer a eficiência?

Como oferecer transparência e controle ao usuário sem prejudicar a experiência?

Essas perguntas elevam o padrão das soluções e impulsionam um novo nível de excelência.

Se há algo que aprendi, é que a privacidade e a proteção de dados não podem ser alcançadas isoladamente. Elas exigem colaboração. É necessário que técnicos conversem com o jurídico, que equipes operacionais escutem os usuários e que todos, juntos, reconheçam a privacidade como mais do que uma obrigação: uma oportunidade de moldar um futuro digital mais justo e seguro.

A Segurança da Informação (SI) e a privacidade compartilham um relacionamento simbiótico, mas desigual em sua dependência: enquanto a SI pode existir sem privacidade, protegendo sistemas, redes e dados de ameaças externas e internas, a privacidade não pode sobreviver sem os fundamentos da SI. Sem controles robustos de confidencialidade, integridade e disponibilidade, os dados pessoais se tornam vulneráveis a acessos não autorizados, vazamentos e manipulações, comprometendo os direitos fundamentais das pessoas. A SI é o alicerce que sustenta a privacidade, fornecendo as ferramentas e práticas necessárias para garantir que os dados pessoais sejam protegidos, enquanto a privacidade adiciona uma camada ética e regulatória, orientando como essas informações devem ser tratadas. Esse paralelo ressalta que, embora a SI tenha um escopo mais amplo, a privacidade só pode florescer em um ambiente onde a segurança é garantida.

Ainda temos a governança de Inteligência Artificial (IA) onde a privacidade é um tema central na regulamentação de tecnologias emergentes. A IA, especialmente modelos generativos como o ChatGPT, introduz desafios significativos relacionados à privacidade das pessoas, transparência algorítmica e responsabilidade, como por exemplo a regulamentação estatal, princípios éticos e a adoção de tecnologias de aprimoramento da privacidade (PETs).

Portanto, não se trata apenas de entender o que deve ser feito; trata-se de transformar princípios em práticas. Meu desejo é que esse livro inspire você a se aprofundar nesse universo, explorando novas tecnologias, aprimorando processos ou mesmo repensando a forma como se relaciona com dados, sistemas e pessoas. Porque, no final, a privacidade não é apenas uma questão técnica; é uma questão de respeito, e cabe a todos nós garantir que ela seja protegida.

PREFÁCIO

A transformação digital acelerada dos últimos anos trouxe inovação sem precedentes, mas também revelou uma nova realidade: privacidade e proteção de dados se tornaram elementos indispensáveis no desenvolvimento de qualquer sistema. Regulamentações como GDPR, LGPD e PDPL deixaram de ser apenas exigências legais para se tornarem um compromisso essencial com o respeito aos direitos dos usuários.

Contudo, para muitos desenvolvedores e engenheiros de software, implementar esses conceitos ainda parece um desafio complexo e burocrático.

Foi com esse cenário em mente que escrevi este livro, baseado na minha experiência técnica ao lidar com privacidade em projetos reais, onde a teoria acadêmica muitas vezes se mostra insuficiente para enfrentar os problemas práticos do dia a dia. Não há mais espaço para "adicionar privacidade depois". A solução está em incorporá-la desde o início: privacidade por design e por padrão.

Ao longo das páginas, meu objetivo é oferecer um guia direto e prático para profissionais de TI que buscam entender como implementar privacidade e proteção de dados na prática. Cada capítulo foi estruturado para que você, desenvolvedor, engenheiro ou arquiteto de software, possa aplicar imediatamente as técnicas apresentadas, com exemplos reais e checklists funcionais. Para facilitar a compreensão de conceitos que podem parecer distantes ou excessivamente jurídicos, incluí histórias inspiradas em experiências reais, sem expor os nomes das empresas ou pessoas envolvidas.

Embora em alguns capítulos eu apresente trechos de código-fonte ou de configurações, não tenho a pretensão de ensinar programação neste livro, mas apenas trazer uma perspectiva da viabilidade técnica de determinadas ações que podem ser realizadas.

Com a pressão de regulamentos e prazos apertados, onde prioridades mudam constantemente, muitos desenvolvedores enfrentam dificuldades em integrar princípios de privacidade desde as primeiras etapas do design de software. A maioria das equipes técnicas ainda encara a privacidade como uma preocupação secundária, enfrentando barreiras culturais, falta de ferramentas apropriadas e a pressão por entregas rápidas.

O que é mais crítico, um bug de segurança, usabilidade ou privacidade?

Frequentemente, a cultura organizacional prioriza a funcionalidade e a velocidade de entrega em detrimento da conformidade e segurança, criando um ambiente onde a privacidade é vista como um entrave à inovação. Soma-se a isso a lacuna significativa de conscientização e treinamento, em que muitos desenvolvedores carecem de um entendimento profundo das implicações éticas e legais de suas decisões de design ou de arquitetura. Esse desalinhamento entre objetivos técnicos e expectativas de privacidade perpetua abordagens reativas que aumentam os custos e riscos ao longo do ciclo de vida de desenvolvimento do software.

Sob a ótica de um gerente de projetos de TI, os desafios culturais relacionados à privacidade frequentemente decorrem da dificuldade em alinhar objetivos de negócio com práticas técnicas responsáveis. Gerentes enfrentam resistência de equipes que enxergam a privacidade como um obstáculo à agilidade e à inovação, especialmente em contextos onde prazos apertados e entregas rápidas predominam. A falta de clareza sobre responsabilidades e prioridades dentro do time pode gerar conflitos entre a necessidade de atender a requisitos regulatórios e a pressão por funcionalidades e diferenciais competitivos. Sem uma cultura organizacional que valorize a privacidade como um pilar estratégico, o gerente de projetos se vê desafiado a equilibrar a viabilidade técnica, a conformidade legal e os objetivos de entrega, muitas vezes sem suporte ou ferramentas adequadas para integrar a privacidade ao ciclo de vida do projeto.

Se você é desenvolvedor, arquiteto ou líder técnico em busca de maneiras claras e eficientes de implementar privacidade, este livro foi feito para você. A privacidade não precisa ser um obstáculo. Quando tratada como um diferencial competitivo, pode se tornar um ponto forte que destaca seu software ou empresa no mercado.

Quero que este livro te motive a ver a privacidade como algo além de regras — um jeito de fazer software que realmente importa.

Vamos codificar com privacidade desde a primeira linha.

CAPÍTULO 1

Fundamentos Técnicos da Privacidade

A privacidade técnica representa a aplicação de princípios e práticas voltadas para a proteção dos dados pessoais no âmbito da tecnologia, garantindo que os sistemas sejam projetados e operados de forma a minimizar riscos à privacidade dos usuários. Diferente de abordagens meramente conceituais ou regulatórias, ela está diretamente conectada às decisões técnicas tomadas durante o ciclo de vida do desenvolvimento de software e à arquitetura de sistemas. Isso inclui desde a escolha de tecnologias de anonimização e pseudonimização até a implementação de controles de acesso, monitoramento de atividades e segurança de dados em trânsito e em repouso.

Esse conceito abrange boas práticas, frameworks e modelos que auxiliam equipes de tecnologia a implementar privacidade de forma integrada às suas rotinas. Soluções como o uso de arquiteturas zero trust[1], designs orientados ao princípio da minimização de dados e automação de processos de gestão de consentimentos são exemplos de como a privacidade técnica se manifesta no dia a dia. Não se trata apenas de proteger informações, mas de criar sistemas que, por padrão, respeitem os direitos de privacidade dos indivíduos, permitindo que eles tenham controle sobre como seus dados são coletados, armazenados e utilizados.

Mais do que um conjunto de ferramentas, a privacidade técnica exige uma mentalidade que permeia todas as fases de um projeto. Desde a definição inicial de requisitos até a operação e manutenção dos sistemas, as equipes devem colaborar com os times de privacidade para alinhar as necessidades regulatórias e os objetivos estratégicos às implementações técnicas. Ao adotar uma abordagem de privacidade por design e por padrão, os desenvolvedores, engenheiros e arquitetos não apenas atendem às expectativas éticas e de segurança, mas também fortalecem a confiança dos usuários em relação às soluções que criam.

Profissionais de tecnologia com expertise em privacidade são capazes de:

- Planejar estruturas de dados que garantam a coleta e o armazenamento do mínimo necessário de informações pessoais;
- Implementar técnicas de criptografia e anonimização de dados pessoais;
- Utilizar soluções de inteligência artificial de maneira ética e correta em seus sistemas;
- Desenvolver componentes e funcionalidades em páginas web e aplicativos, respeitando princípios;
- Apoiar decisões de infraestrutura técnica, como hospedagem em nuvem, proteção no trânsito de dados e políticas seguras de armazenamento;
- Aplicar práticas de desenvolvimento seguro e testes de privacidade em projetos críticos.

O profissional de privacidade técnica vai além de entregar uma solução tecnológica. Ele compreende os desafios sob o ponto de vista de privacidade e proteção de dados e propõe soluções inovadoras e adequadas a projetos complexos. Em um mundo onde APIs[2], componentes e sistemas estão amplamente interconectados, esse profissional é essencial para equilibrar inovação tecnológica com a conformidade regulatória.

A crescente adoção de regulamentações de privacidade criou um ambiente altamente favorável para profissionais especializados em privacidade técnica. Empresas de todos os portes, em setores como finanças, saúde, varejo e tecnologia, estão enfrentando a necessidade urgente de alinhar suas operações com essas normas para evitar sanções legais e preservar a confiança dos consumidores. Nesse contexto, especialistas capazes de incorporar práticas de privacidade diretamente na arquitetura e no desenvolvimento de sistemas encontram um mercado em expansão, com alta demanda por suas habilidades.

Essa necessidade vai além da conformidade, estendendo-se à capacidade de as empresas se diferenciarem no mercado ao demonstrar compromisso com a segurança e a privacidade.

Além disso, o avanço das tecnologias de inteligência artificial, big data e computação em nuvem está ampliando as oportunidades para esses profissionais. A complexidade crescente de sistemas exige soluções que não apenas atendam às exigências legais, mas também que abordam preocupações éticas relacionadas à coleta e uso de dados pessoais e dados pessoais sensíveis. Profissionais de privacidade técnica são posicionados como catalisadores para a inovação responsável, ajudando empresas a aproveitar oportunidades tecnológicas enquanto mitigam riscos associados a violações de dados e má gestão da informação. Esse equilíbrio entre inovação e conformidade transforma a privacidade técnica em uma competência estratégica no mercado global.

O avanço acelerado da inteligência artificial e o uso crescente de tecnologias como *deepfake*[3] trazem à tona não apenas desafios técnicos, mas também um vasto campo de oportunidades em perícias digitais. Profissionais de privacidade técnica com conhecimento em análise forense e segurança de dados estão em uma posição privilegiada para atender à crescente demanda por investigações relacionadas a fraudes e crimes cibernéticos que utilizam IA para criar identidades falsas, manipular informações e aplicar golpes dos mais diversos tipos. Esses especialistas podem atuar na análise de sistemas, rastreamento de atividades maliciosas e validação de autenticidade de dados, sendo requisitados por órgãos de justiça, empresas de auditoria e segurança, além de startups focadas em tecnologias antifraude. A capacidade de entender e aplicar técnicas avançadas de privacidade e segurança, combinada com habilidades em investigação forense, coloca esses profissionais na vanguarda de um mercado que requer soluções técnicas e judiciais para combater novas formas de abuso digital.

> Há alguns anos, antes mesmo da GDPR virar um desafio real para as empresas, eu estava em uma reunião com um cliente, uma grande imobiliária. Naquele tempo, eu pegava projetos como desenvolvedor freelancer e já imaginava o Natal tranquilo com o bolso cheio.
>
> O cliente não economizou nos requisitos. Ele queria algo que hoje seria classificado como "o manual perfeito de invasão de privacidade". A ideia era simples, mas ousada: criar um cadastro completo dos potenciais compradores de imóveis. E quando eu digo completo, era completo mesmo:
>
> - Saber quantos imóveis eles já possuíam;
> - Integrar com bases de dados de cartórios (que, naquela época, nem sonhavam em ter APIs);
> - Fazer web scraping em buscadores e redes sociais para montar o perfil do comprador, entender se ele também poderia ser um vendedor em potencial e, assim, prever o melhor argumento de venda.
>
> Em outras palavras, era um projeto para garantir que o corretor "falasse a mesma língua" do cliente, conhecesse seus gostos pessoais, soubesse a cor do carro que ele queria comprar e até a música preferida da playlist do churrasco. Tudo isso para gerar um relacionamento próximo e mais "humano" (ironicamente, de uma forma nada humana).
>
> Empolgados, a gente começou a bolar umas ideias que hoje fariam os fiscais da privacidade terem pesadelos. Antes mesmo de Machine Learning ser uma buzzword, desenvolvemos ideias como:

- Identificar palavras-chave relevantes em postagens;
- Comparar fotos postadas nas redes sociais para identificar imóveis de alto padrão;
- Mapear gostos pessoais com base em curtidas e interesses públicos;
- E até analisar o humor de posts para determinar se o comprador estava no clima de fechar um negócio ou apenas passeando pelos anúncios.

O cliente adorou a ideia, até chegarmos no orçamento. O projeto, ousado como era, saiu caro demais. Tão caro que ele optou por seguir fazendo do jeito manual mesmo: algumas planilhas, umas ligações aqui e ali, e muita conversa fiada para criar rapport com os compradores.

Meu Natal? Simples, sem grandes comemorações, mas com uma boa dose de aprendizado. Afinal, se aquele projeto tivesse saído do papel, hoje estaríamos todos sujeitos às consequências severas das leis de privacidade.

Moral da história? Às vezes, não aprovar um projeto pode ser a melhor decisão para o futuro – e para sua consciência. Hoje, olhando para trás, vejo o quanto a privacidade técnica é essencial para equilibrar inovação com ética e respeito ao usuário.

O mercado global de soluções voltadas à privacidade de dados tem apresentado expansão acelerada nos últimos anos. Estimativas recentes[4] indicam que somente o segmento de software de privacidade foi avaliado em cerca de US$ 3,84 bilhões em 2024, com previsão de atingir US$ 45,13 bilhões até 2032 – o que implica um CAGR (taxa de crescimento anual composta) em torno de 35%. Outros estudos[5] confirmam essa tendência de alta: por exemplo, o mercado de software de gestão de privacidade foi calculado em US$ 3,41 bilhões em 2023 e deve crescer quase 40% ao ano até 2030.

Os principais impulsionadores desse crescimento incluem o

aumento dos incidentes de vazamento de dados e ataques cibernéticos – que levam as empresas a investirem mais em proteção de dados – assim como a maior conscientização dos consumidores sobre privacidade, pressionando as organizações a adotarem práticas mais transparentes e seguras no uso de informações pessoais.

Além disso, a pressão regulatória intensificou-se globalmente: mais de 120 países já implementaram leis nacionais de proteção de dados até 2024 e governos em todo o mundo continuam fortalecendo os direitos de privacidade dos cidadãos.

Como resposta a esse cenário, o mercado tem observado uma adoção crescente de princípios de "privacidade desde a concepção" (privacy by design) no desenvolvimento de produtos e serviços, bem como o surgimento de novas tecnologias para compliance – por exemplo, soluções que incorporam inteligência artificial para automatizar a proteção de dados e garantir conformidade regulatória de forma mais eficiente

Essas tendências combinadas têm consolidado a privacidade como um dos segmentos de mercado de crescimento mais rápido na área de tecnologia e governança de dados nesta década, e por isso, profissionais de tecnologia que sejam especialistas em privacidade possuem oportunidades incontáveis pela frente.

Em paralelo ao crescimento do mercado, observa-se uma demanda aquecida por profissionais especializados em privacidade. De acordo com a International Association of Privacy Professionals (IAPP)[6], a procura por especialistas em privacidade de dados vem aumentando cerca de 30% ao ano, com muitos candidatos recebendo múltiplas ofertas de emprego em pouco tempo.

Para atender a essa demanda, certificações profissionais tornaram-se um padrão valorizado no currículo dos especialistas em privacidade. As credenciais mais reconhecidas globalmente são oferecidas pela própria IAPP – destacando-se a CIPP (Certified Information Privacy Professional), a

CIPM (Certified Information Privacy Manager) e a CIPT (Certified Information Privacy Technologist) – que atestam conhecimentos em leis de proteção de dados, gestão de programas de privacidade e técnicas de proteção de dados por design, respectivamente, além de outras empresas como Exin, Isaca e ISC2 que possuem diversos programas de certificação nas áreas correlatas.

Além das associações profissionais, universidades e empresas de consultoria internacional vêm oferecendo programas especializados (cursos, MBAs e workshops) focados em privacidade e proteção de dados, indicando um movimento mundial de capacitação para acompanhar as exigências de conformidade legal e a evolução constante do ecossistema de privacidade.

Em suma, a privacidade técnica não é apenas uma tendência; é uma competência indispensável. Ela capacita profissionais de tecnologia a implementar soluções robustas, respeitando os direitos dos indivíduos e garantindo que a privacidade esteja presente em cada linha de código, arquitetura e infraestrutura de sistemas.

REGULAMENTAÇÕES DE PRIVACIDADE

Quando comecei a escrever este livro, meu objetivo nunca foi mergulhar em detalhes excessivamente acadêmicos ou explorar os aspectos puramente jurídicos das leis de privacidade. A literatura sobre o tema é ampla e bem consolidada, oferecendo análises das regulamentações globais, suas nuances e interpretações legais.

A privacidade e a proteção de dados são conceitos complementares, mas distintos, embora ambos sejam reconhecidos como direitos fundamentais em muitas jurisdições. A principal diferença reside em sua natureza e no âmbito de aplicação: enquanto a privacidade é um direito fechado, a proteção de dados é um direito aberto, expansivo e adaptável às novas realidades tecnológicas.

A privacidade, em sua essência, é um direito fechado porque se refere a um conjunto específico de liberdades individuais, como a garantia de que as pessoas possam controlar aspectos da sua vida pessoal e a exposição de informações sobre si mesmas. É o direito de ser deixado em paz, de manter a confidencialidade em comunicações privadas e de evitar interferências indevidas na vida pessoal. Esse direito é mais estático e fortemente associado à dignidade humana, protegendo as esferas íntimas da pessoa contra intrusões externas.

Já a proteção de dados é um direito aberto, pois vai além da privacidade e abrange a governança de dados pessoais em um mundo digitalizado. Ela envolve o controle sobre como os dados de uma pessoa são coletados, processados, armazenados e compartilhados, independentemente de estarem relacionados à esfera privada ou pública. A proteção de dados é dinâmica, adaptando-se às mudanças tecnológicas e aos novos usos de informações pessoais em cenários como inteligência artificial, big data e economia digital.

> *"As invenções recentes e os novos métodos comerciais chamam a atenção para o próximo passo que deve ser dado para a proteção da pessoa e para garantir ao indivíduo o que o Juiz Cooley chama de direito "de ser deixado em paz". Fotografias instantâneas e a atividade jornalística invadiram os domínios sagrados da vida privada e doméstica; e inúmeros dispositivos mecânicos ameaçam concretizar a previsão de que "o que é sussurrado no quarto será proclamado dos telhados". Há anos existe a percepção de que a lei deve oferecer algum remédio para a circulação não autorizada de retratos de pessoas privadas; e o problema da invasão da privacidade pelos jornais, há muito tempo sentido de forma intensa, foi recentemente discutido por um escritor renomado. Os fatos alegados em um caso notório levado a um tribunal inferior de Nova York há alguns meses envolveram diretamente a questão da circulação de retratos; e a questão de saber se nossa legislação reconhecerá e protegerá o direito à privacidade nesse e em outros aspectos deverá em breve ser analisada por nossos tribunais.*
> *".*[7]

Ambos são direitos fundamentais porque garantem a dignidade e a autonomia dos indivíduos em uma sociedade conectada. A privacidade assegura o respeito à esfera pessoal e à liberdade individual, enquanto a proteção de dados capacita os indivíduos a exercerem controle sobre suas informações em contextos amplos, como relações comerciais, serviços digitais e interações governamentais.

Joana era uma arquiteta apaixonada por plantas, mas muito

reservada em relação à sua vida pessoal. Quando comprou uma casa nova, a primeira coisa que fez foi instalar cortinas grossas e câmeras de segurança. As cortinas protegem sua privacidade: elas garantem que ninguém de fora pudesse observar o que acontecia dentro de sua casa, preservando sua intimidade. As câmeras, por outro lado, protegiam sua propriedade e registravam quem entrava ou saía, garantindo que qualquer acesso fosse controlado e monitorado.

Um dia, Joana decidiu compartilhar fotos do jardim que estava cultivando em sua rede social favorita. Ela permitiu que todos vissem as flores e o progresso do seu projeto, mas foi cuidadosa em não publicar imagens que mostrassem o interior da casa. A privacidade, nesse caso, era como o espaço que as cortinas ainda protegem: mesmo ao compartilhar algo, ela escolhia o que permanecia invisível. No entanto, as fotos do jardim continham informações de localização que ela não percebeu, como o nome da rua capturado em uma placa ao fundo. Isso foi onde a proteção de dados entrou em cena: a rede social deveria garantir que essas informações não fossem usadas de maneira indevida ou compartilhadas sem o consentimento dela.

Assim, Joana aprendeu que a privacidade era o direito de decidir o que ficava visível ou oculto na sua vida, enquanto a proteção de dados tratava de como as informações que ela escolhia compartilhar eram tratadas. As duas coisas andam juntas, mas têm papéis diferentes. Uma é o controle sobre o que ela quer expor; a outra é a garantia de que aquilo que foi exposto será tratado com respeito e segurança.

Em resumo, a privacidade é a base histórica e conceitual, enquanto a proteção de dados expande esse direito para responder aos desafios contemporâneos da sociedade digital.

Ambas, ao se complementarem, formam um conjunto de garantias que preservam os direitos fundamentais individuais em um mundo cada vez mais orientado por dados.

> *"De todo modo, a compreensão do âmbito de proteção de um direito fundamental à proteção de dados pessoais envolve sempre um contraste com o de outros direitos, destacando-se, nesse contexto, o direito à privacidade e o direito à autodeterminação informativa, os quais, por seu turno, embora também autônomos entre si, apresentam zonas de contato importantes."*[8]

No entanto, para o profissional técnico de privacidade, o mais importante é entender os princípios fundamentais que embasam essas regulamentações através destes conceitos e, principalmente, como elas influenciam diretamente as decisões e atividades técnicas do dia a dia.

Considere um exemplo prático: você utiliza um banco de dados hospedado em uma nuvem privada da Microsoft Azure nos Estados Unidos e sua empresa está expandindo operações para a Alemanha. Nesse cenário, quais ajustes na infraestrutura e na escalabilidade do sistema seriam necessários para atender às exigências mais rigorosas de transferência internacional de dados? O que antes parecia uma decisão simples de arquitetura de software pode se transformar em uma revisão global, exigindo não apenas conformidade técnica, mas também estratégias para lidar com diferentes jurisdições e regulamentações, reduzindo ou transferindo o risco da organização.

> *"A OpenAI lançou a opção de residência de dados na Europa, permitindo que organizações europeias atendam aos requisitos locais de soberania de dados enquanto utilizam os produtos da empresa de IA. Residência de dados refere-se à localização física dos dados de uma organização, bem como às leis e requisitos de política locais impostos a esses dados. A maioria das grandes empresas de tecnologia e provedores de nuvem oferece programas de residência de dados na Europa, ajudando os clientes a cumprir as leis locais de privacidade e proteção de dados, como o GDPR, a Lei Federal de Proteção de Dados da*

> *Alemanha e a legislação de proteção de dados do Reino Unido. Em outubro, a plataforma de desenvolvimento GitHub lançou a opção de residência de dados em nuvem na UE para clientes assinantes do plano GitHub Enterprise. No mesmo mês, a AWS, divisão de computação em nuvem da Amazon, lançou uma "nuvem soberana" para a Europa, permitindo que os clientes mantenham todos os metadados que criarem dentro da UE, enquanto o Google introduziu a residência de dados para processamento de machine learning para usuários do Reino Unido que utilizam o modelo de IA Gemini 1.5 Flash."*[9]

Imagine que novas regulamentações são introduzidas, alterando as regras para dados em trânsito e em repouso. Como essas mudanças afetam o plano de continuidade de negócios (BCP) da sua organização? A alta disponibilidade dos sistemas, essencial para evitar interrupções operacionais, pode ser comprometida caso não haja critérios claros e uma adaptabilidade técnica para incorporar essas novas exigências. Situações como essas mostram como a privacidade não é apenas uma questão regulatória, mas também um desafio estratégico e técnico que exige planejamento, flexibilidade e execução.

Além disso, mudanças em diretrizes complementares, como a ePrivacy[10] na União Europeia, podem causar impactos profundos em sistemas web e estratégias de marketing digital.

Surge então o questionamento: Suas integrações atuais e APIs estão preparadas para se adaptar às novas demandas globais? Algo aparentemente simples, como a forma de implementar cookies, gerenciar rastreamento de usuários ou executar campanhas automatizadas de e-mail, pode exigir uma reformulação completa, desde a infraestrutura até os processos operacionais.

Essas questões destacam um ponto importante: elas só surgem com um conhecimento técnico aprofundado sobre o funcionamento dos sistemas. Esse nível de compreensão, no entanto, muitas vezes escapa a profissionais que atuam exclusivamente na esfera jurídica ou regulatória. Durante o mapeamento de fluxo de dados, nuances arquitetônicas e técnicas frequentemente passam despercebidas por quem não esteve envolvido diretamente no design e na implementação dos sistemas.

É aqui que o papel do profissional técnico de privacidade se torna essencial. Esse profissional compreende os detalhes que sustentam a arquitetura de sistemas, desde a forma como os dados são capturados e armazenados até como eles trafegam em redes e interagem com APIs. Sua expertise é o elo que conecta os requisitos regulatórios com a viabilidade técnica, garantindo que as soluções atendam não apenas às normas, mas também às expectativas de eficiência, segurança e escalabilidade.

Embora o cenário esteja em constante evolução, atualmente as regulamentações mais significativas incluem:

O GDPR (General Data Protection Regulation), que é uma das regulamentações mais amplas e rigorosas de proteção de dados. Criado pela União Europeia, ele estabelece regras claras sobre como os dados pessoais dos cidadãos da UE devem ser coletados, armazenados, processados e compartilhados. Ele também concede aos indivíduos direitos significativos, como o direito de acesso, retificação e exclusão de seus dados, além de impor multas pesadas para organizações que não cumprirem as normas.

A LGPD (Lei Geral de Proteção de Dados) é a principal legislação de proteção de dados no Brasil, inspirada fortemente no GDPR. Ela regula o tratamento de dados pessoais, exigindo que as organizações respeitem as finalidades de tratamento de dados além de garantir transparência sobre como essas informações são processadas. A LGPD também concede aos cidadãos brasileiros direitos como acesso, correção e exclusão de seus dados, além de estabelecer penalidades para violações.

O CPPA (Consumer Privacy Protection Act) entrou em vigor em 2023 em substituição ao PIPEDA. Ele oferece direitos semelhantes aos do GDPR, como o direito de acesso e retificação de dados, e impõe obrigações mais rigorosas às organizações, incluindo a necessidade de notificar violações de dados.

O Digital Personal Data Protection Act (DPDP) da Índia, aprovado em 2023, substitui a estrutura anterior baseada no Information Technology Act, 2000 e no Personal Data Protection Bill (PDPB) de 2019. A nova legislação estabelece diretrizes modernas para a proteção de dados pessoais, alinhando-se às práticas internacionais.

O PECR (Privacy and Electronic Communications Regulations) é a versão britânica da diretiva ePrivacy da UE, que permanece em vigor mesmo após o Brexit[11]. Ele regula o uso de cookies, marketing eletrônico e comunicações confidenciais, exigindo consentimento explícito para atividades como o rastreamento online. O PECR complementa o GDPR no Reino Unido, focando especificamente em comunicações eletrônicas.

A POPIA (Protection of Personal Information Act) é a principal legislação de proteção de dados na África do Sul. Ela regula a coleta, processamento e armazenamento de dados pessoais, exigindo que as organizações obtenham consentimento e garantam a segurança das informações. A POPIA também concede aos indivíduos direitos como acesso e correção de dados, além de estabelecer penalidades para violações.

O APEC Privacy Framework é um conjunto de diretrizes voltadas para a proteção de dados nos países da região Ásia-Pacífico. Ele promove princípios como prevenção de danos, notificação e consentimento, visando harmonizar as práticas de privacidade entre os membros da APEC. Embora não seja uma lei vinculante, o framework influencia políticas e regulamentações nacionais na região.

A PIPL (Personal Information Protection Law) é a primeira lei chinesa dedicada especificamente à proteção de dados pessoais. Ela estabelece regras claras sobre como os dados devem ser coletados, armazenados e processados, exigindo consentimento explícito e limitando o uso de dados pessoais. A PIPL representa a crescente preocupação da China com a privacidade e a segurança dos dados, alinhando-se parcialmente com padrões globais como o GDPR.

A PDPL (Personal Data Protection Law) é a legislação de proteção de dados pessoais adotada por diversos países, incluindo Arábia Saudita, Peru e Taiwan. Na Arábia Saudita, a PDPL é regulamentada pela Autoridade de Dados e Inteligência Artificial da Arábia Saudita (SDAIA) e impõe requisitos específicos para operações de dados dentro do país, incluindo restrições à transferência internacional de dados, salvo em condições específicas. No Peru, a legislação é supervisionada pela Agência Geral de Proteção de Dados, enquanto em Taiwan, ministérios e órgãos governamentais locais atuam como autoridades competentes.

Até a data de publicação desta obra, atualmente, 71% dos países no mundo possuem legislações específicas sobre proteção de dados pessoais, o que equivale a aproximadamente 134 nações[12]. Além disso, 9% dos países estão com projetos de lei em fase de aprovação, enquanto 15% ainda não possuem legislação sobre o tema. A Europa destaca-se com 98% dos países adotando legislações de proteção de dados, seguida pelas Américas com 74% e pela região Ásia-Pacífico com 57%.

Nos Estados Unidos, a abordagem em relação à privacidade é fragmentada, sem uma legislação geral federal. Em vez disso, o país adota um modelo setorial, onde diferentes leis regulam setores específicos, como saúde, finanças e crianças. Esse sistema cria um cenário regulatório descentralizado, muitas vezes resultando em lacunas de proteção e inconsistências entre estados e setores.

Entre as principais leis existentes nos EUA estão:
- Electronic Communications Privacy Act (ECPA) (1986): regula a interceptação e o acesso a comunicações eletrônicas.

- Children's Online Privacy Protection Act (COPPA) (1998): protege a privacidade de crianças menores de 13 anos online.
- Health Insurance Portability and Accountability Act (HIPAA) (1996): estabelece regras para a privacidade e segurança de dados de saúde.
- Privacy Act (1974): regula o tratamento de informações pessoais por agências federais.

Além disso, a California Consumer Privacy Act (CCPA), de 2018, é um exemplo de legislação estadual que fornece direitos amplos aos consumidores, incluindo acesso, exclusão e opt-out da venda de dados pessoais.

O CCPA foi uma das primeiras leis de privacidade e proteção de dados nos Estados Unidos. Ele concede aos residentes da Califórnia o direito de saber quais dados pessoais estão sendo coletados sobre eles, como esses dados são usados e com quem são compartilhados. Além disso, permite que os consumidores solicitem a exclusão de seus dados e optem por não tê-los vendidos. O CCPA foi um marco importante para a privacidade nos EUA, inspirando outras legislações estaduais.

O CPRA (California Privacy Rights Act) é uma emenda ao CCPA que fortalece ainda mais as proteções de privacidade na Califórnia. Ele introduz direitos adicionais, como a capacidade de corrigir dados imprecisos e limitar o uso de dados relacionados a uma pessoa, como localização precisa, raça e saúde. O CPRA também criou uma nova agência dedicada à fiscalização da privacidade, aumentando a aplicação das regras.

A ausência de uma Autoridade Nacional de Proteção de Dados, como no modelo europeu, torna a aplicação dessas regras mais fragmentada, sendo responsabilidade de diferentes órgãos reguladores, como a Federal Trade Commission (FTC) e o Departamento de Saúde e Serviços Humanos.

A decisão da Corte de Justiça da União Europeia no caso Schrems II[13] invalidou o Privacy Shield, um mecanismo que permitia a transferência de dados entre a UE e os EUA, destacando a falta de garantias adequadas para a proteção de dados de cidadãos europeus nos EUA.

> **O Caso Schrems II**
>
> O caso Schrems II foi um marco na proteção de dados entre a União Europeia e os Estados Unidos. Em 2020, a Corte de Justiça da União Europeia invalidou o Privacy Shield, um acordo que permitia a transferência de dados pessoais de cidadãos europeus para os EUA. A decisão teve origem em uma ação movida pelo ativista austríaco Max Schrems, que questionava a segurança dos dados europeus quando armazenados em território americano, especialmente diante das leis de vigilância dos EUA, como a FISA (Foreign Intelligence Surveillance Act).
>
> O argumento central da corte foi que o Privacy Shield não oferecia garantias suficientes para proteger os dados dos europeus contra a vigilância em massa das agências americanas. Empresas nos EUA estavam sujeitas a permitir o acesso do governo a informações pessoais, sem oferecer aos cidadãos europeus um meio eficaz de contestação ou proteção legal equivalente àquelas garantidas pelo GDPR. A decisão não apenas invalidou o Privacy Shield, mas também exigiu que as empresas europeias revisassem suas práticas de transferência de dados para garantir conformidade com as normas europeias.
>
> O impacto da decisão foi imediato, obrigando milhares de empresas a buscar alternativas, como o uso de cláusulas contratuais padrão, para continuar transferindo dados entre os continentes. O caso Schrems II também impulsionou negociações para um novo acordo de transferência de dados, levando ao desenvolvimento do Data Privacy Framework, que busca atender às exigências da legislação europeia. No entanto, a decisão continua a influenciar o debate global

> sobre a soberania dos dados e os desafios de harmonizar regulamentações de privacidade entre diferentes jurisdições.

Como se pode observar, cada país ou região possui suas próprias regulamentações com características distintas: algumas com abordagens mais expansionistas e protetoras, outras com um viés mais permissivo e com foco em inovação e crescimento econômico. Porém, o objetivo principal é o mesmo: regular como as empresas públicas e privadas tratam os dados das pessoas, garantindo transparência, segurança e respeito ao direito à privacidade.

PADRÕES E FRAMEWORKS DE PRIVACIDADE

Para atuar globalmente, um responsável técnico ou engenheiro de software precisa ter uma compreensão sólida de diversas áreas que transcendem a codificação e o desenvolvimento de sistemas. Primeiramente, vale a pena o conhecimento das regulamentações de privacidade e proteção de dados em nível internacional, como as que trouxe de exemplo, além de compreender suas intersecções e diferenças para garantir conformidade em projetos globais. Isso inclui estudar os princípios fundamentais dessas leis, como minimização de dados, consentimento, transparência e direitos dos titulares. Além disso, é importante manter-se atualizado sobre mudanças legislativas e novas exigências regulatórias em diferentes regiões, o que exige um esforço contínuo de aprendizado.

No aspecto técnico, esses profissionais devem aprofundar-se em práticas como Privacy by Design[14] e Privacy by Default, técnicas avançadas de criptografia, anonimização, tokenização e frameworks de segurança para garantir que os sistemas desenvolvidos atendam aos requisitos de privacidade desde a concepção. Conhecimentos em segurança da informação, como prevenção de vazamentos de dados e proteção contra ataques cibernéticos, são indispensáveis. Ainda, é importante desenvolver habilidades em metodologias ágeis e DevSecOps[15], integrando testes de conformidade e auditoria de privacidade no ciclo de vida do desenvolvimento de software. Para complementar, é essencial investir em *soft skills*, como comunicação e colaboração intercultural, que são indispensáveis para lidar com equipes multidisciplinares e clientes em um ambiente global diversificado.

Além das regulamentações, existem padrões técnicos e frameworks que complementam e reforçam as estratégias dos programas de privacidade. Esses guias técnicos ajudam a tirar o juridiquês e botar a mão na massa para os times de desenvolvimento e infraestrutura.

Entre os mais relevantes estão:

A ePrivacy que é uma regulamentação europeia que complementa o GDPR, focando especificamente em questões de privacidade relacionadas a comunicações eletrônicas. Ela aborda temas como o uso de cookies, rastreamento digital e marketing direto, exigindo que as empresas obtenham consentimento explícito dos usuários antes de coletar ou processar dados nessas situações, quando aplicado. A ePrivacy visa garantir que as comunicações online sejam confidenciais e que os usuários tenham controle sobre como suas informações são utilizadas.

O OWASP (Application Security Verification Standard) é um conjunto de práticas e padrões voltados para a segurança e privacidade de aplicações web. Ele inclui recomendações específicas sobre o tratamento de cookies, proteção contra vazamentos de dados e mitigação de vulnerabilidades comuns. O OWASP é amplamente utilizado por desenvolvedores e equipes de segurança para garantir que aplicações web sejam construídas com privacidade e segurança desde o início.

O NIST Privacy Framework é uma estrutura desenvolvida pelo Instituto Nacional de Padrões e Tecnologia dos EUA para ajudar organizações a gerenciar riscos de privacidade em sistemas tecnológicos. Ele fornece diretrizes práticas para implementar o conceito de Privacy by Design, garantindo que a privacidade seja considerada em todas as etapas do desenvolvimento de produtos e serviços. O framework é adaptável e pode ser aplicado em diversos setores e contextos.

Os W3C Web Privacy Standards são padrões técnicos criados pelo World Wide Web Consortium para melhorar a privacidade na web. Eles incluem soluções como o Do Not Track (DNT), que permite aos usuários optar por não serem rastreados, e o P3P (Platform for Privacy Preferences), que facilita a comunicação das políticas de privacidade entre sites e navegadores. Esses padrões visam dar aos usuários mais controle sobre seus dados online.

A propósito, o conceito de Do Not Track (DNT) do W3C é uma iniciativa que visa oferecer aos usuários um meio de expressar sua preferência em não ter suas atividades na web rastreadas por sites e anunciantes. Essa preferência é comunicada através de um cabeçalho HTTP enviado pelo navegador ao acessar uma página. Quando a funcionalidade está ativada, o cabeçalho informa aos servidores que o usuário prefere que seu comportamento de navegação não seja monitorado. Esse mecanismo busca atender a preocupações relacionadas à privacidade, permitindo que os usuários tenham maior controle sobre como seus dados são coletados e usados.

A implementação de DNT exige mudanças tanto no lado do navegador quanto no lado dos servidores. Os navegadores devem incluir a funcionalidade de ativar o envio do cabeçalho, enquanto os servidores precisam ser configurados para reconhecer essa preferência e ajustar o comportamento de coleta de dados conforme necessário. Embora o conceito seja tecnicamente viável, sua eficácia depende da adesão voluntária das organizações em respeitar o cabeçalho e implementar políticas claras e verificáveis de não rastreamento.

Para implementar o Do Not Track (DNT) em um sistema web, um desenvolvedor pode configurar o backend para detectar e respeitar o cabeçalho HTTP DNT, que os navegadores enviam quando o usuário ativa essa opção. Na prática, isso significa modificar a lógica de coleta de dados do site para verificar a presença desse cabeçalho e ajustar o comportamento do sistema de rastreamento de usuários.

No backend, um servidor HTTP pode inspecionar as requisições recebidas e, caso o cabeçalho DNT: 1 esteja presente, evitar a ativação de scripts de rastreamento, registro de dados de navegação ou qualquer outro mecanismo de monitoramento. Em uma aplicação web desenvolvida com Node.js, por exemplo, um middleware no Express pode ser utilizado para bloquear tracking cookies e outras práticas de monitoramento:

Apenas a título de exemplo, veja como seria um código em Node.js com Express para respeitar o DNT.

```
// Exemplo em Node.js com Express para respeitar DNT
const express = require('express');
const app = express();

app.use((req, res, next) => {
  if (req.get('DNT') === '1') {
    console.log('Rastreamento desativado para este usuário.');
    res.set('Tk', 'N'); // Indica que o rastreamento foi desativado
    // Evitar execução de scripts de analytics
  } else {
    // Lógica de rastreamento padrão
  }
  next();
});
```

No frontend, o JavaScript pode ser configurado para evitar a execução de scripts de rastreamento caso o cabeçalho DNT seja ativado no navegador. Uma verificação pode ser feita usando a API navigator.doNotTrack:

Além disso, se a aplicação utilizar serviços de terceiros para coleta de métricas, anúncios ou análise de usuários, é necessário verificar se esses serviços oferecem suporte a DNT e fornecer instruções específicas para desativar rastreamento quando o cabeçalho for detectado.

Na prática, o DNT encontrou barreiras significativas. Muitas empresas não adotaram o padrão ou declararam explicitamente como tratariam as preferências enviadas pelos usuários. Além disso, sem mecanismos robustos de auditoria ou regulamentação, o DNT permaneceu uma iniciativa mais simbólica do que uma solução amplamente aceita para questões de privacidade online. Mesmo assim, ele serviu como ponto de partida para discussões sobre privacidade.

A ENISA (European Union Agency for Cybersecurity) é uma agência da União Europeia que define diretrizes para garantir segurança e privacidade nas redes de comunicação. Ela fornece recomendações sobre como proteger dados em trânsito, prevenir violações e implementar medidas de segurança robustas. A ENISA também ajuda na promoção de boas práticas de privacidade e segurança em toda a UE.

O IAB Europe Transparency and Consent Framework (TCF) é um padrão desenvolvido pela Interactive Advertising Bureau Europe para promover transparência e consentimento no marketing digital e na publicidade online. Ele estabelece regras claras sobre como os dados dos usuários podem ser coletados e usados para fins publicitários, garantindo que os usuários tenham controle sobre suas preferências de privacidade. O TCF é amplamente adotado por empresas de publicidade e tecnologia pois é uma estrutura criada para ajudar empresas a atenderem às exigências de privacidade e consentimento impostas por regulamentos como o GDPR e a ePrivacy. Ele é relevante para desenvolvedores que trabalham em aplicações que envolvem publicidade digital, coleta de dados ou integração com plataformas de anúncios. Seu objetivo principal é proporcionar transparência sobre como os dados dos usuários são coletados, armazenados e processados, além de garantir que os consentimentos necessários sejam obtidos e gerenciados adequadamente.

Para um desenvolvedor, o TCF exige atenção em alguns aspectos essenciais. A implementação envolve a integração de uma CMP (Consent Management Platform), que serve para capturar, gerenciar e transmitir as preferências de consentimento dos usuários de forma padronizada. O desenvolvedor deve garantir que a CMP esteja configurada corretamente, seguindo as especificações técnicas do TCF, incluindo o uso de APIs e métodos de comunicação para registrar o consentimento do usuário e repassá-lo aos parceiros envolvidos, como redes de anúncios ou provedores de tecnologia.

O desenvolvedor precisa se preocupar com a compatibilidade do sistema com os requisitos do TCF, especialmente em relação à captura e armazenamento das escolhas de consentimento. Isso inclui assegurar que o consentimento seja granular (permitindo que o usuário escolha quais finalidades autoriza) e verificável, para garantir conformidade legal. Também deve ser observado para que os dados coletados respeitem os limites definidos pelo consentimento do usuário, o que pode implicar em ajustes no backend para restringir o processamento de dados.

Clientes que frequentemente exigem o uso do TCF incluem empresas envolvidas em publicidade programática, como publishers de conteúdo online, agências de marketing, plataformas de gerenciamento de anúncios e provedores de dados. Esses clientes dependem do TCF para garantir que suas operações estejam em conformidade com as regulamentações de privacidade, enquanto mantêm a capacidade de monetizar seus conteúdos e serviços.

Então na prática, se você precisar implementar o TCF:
1. Escolha uma CMP certificada pela IAB ou desenvolva sua própria solução;
2. Adicione o script da CMP para gerenciar o consentimento;

3. Armazene as preferências do usuário em localStorage ou utilize a API da CMP;
4. Compartilhe o TC String com provedores de publicidade para garantir que os anúncios respeitem as escolhas do usuário;
5. Controle a execução de scripts de rastreamento com base no consentimento. Atualize a política de privacidade para transparência.

As EFF Privacy Badger Guidelines são diretrizes desenvolvidas pela Electronic Frontier Foundation (EFF) para combater o rastreamento abusivo em plataformas digitais. O Privacy Badger é uma extensão de navegador que bloqueia automaticamente rastreadores invisíveis e cookies de terceiros que monitoram o comportamento dos usuários sem seu consentimento. As diretrizes da EFF enfatizam a importância de proteger a privacidade dos usuários e promover a transparência no rastreamento online.

Esses padrões já estabelecidos são importantes, além de diversas instituições, corporações e organizações independentes que estão em constante trabalho para aprimorar soluções que:

- Fortaleçam a segurança digital;
- Protejam a privacidade dos usuários;
- E promovam ambientes mais seguros e transparentes para todos;
- Estejam alinhadas ao programa de privacidade da empresa.

Além dos padrões de mercado, é importante que o profissional acompanhe de perto as tendências iniciativas de empresas e grupos que frequentemente divulgam novidades na área. Uma dessas iniciativas é a "Privacy Patterns"[16].

O Privacy Patterns é uma iniciativa que reúne uma biblioteca de padrões de design voltados para a proteção da privacidade em sistemas de software. A plataforma foi criada para auxiliar desenvolvedores, engenheiros de software e designers a incorporar práticas de privacidade desde a concepção dos sistemas, seguindo o conceito de "Privacy by Design".

Os padrões disponibilizados fornecem soluções para problemas comuns relacionados à privacidade, como a anonimização de dados, o controle do acesso, a transparência sobre o uso de informações pessoais e a gestão de consentimento. Cada padrão inclui descrições detalhadas, exemplos de uso e orientações sobre como aplicá-los, tornando-se uma ferramenta prática para implementar requisitos de privacidade.

A iniciativa é mantida por especialistas em privacidade, acadêmicos e profissionais do setor de tecnologia que buscam promover o desenvolvimento de sistemas mais éticos e centrados no usuário. A atuação do Privacy Patterns é especialmente relevante para empresas que desejam melhorar sua abordagem à privacidade e para equipes que precisam projetar soluções tecnológicas seguras e confiáveis. Ao oferecer recursos acessíveis e bem documentados, a plataforma facilita a adoção de melhores práticas de privacidade em diferentes tipos de projetos, desde aplicações web até sistemas corporativos complexos, contribuindo para fortalecer a confiança do usuário e reduzir os riscos legais associados ao uso indevido de dados pessoais.

Se você tiver que estudar cada padrão vai levar um tempo, então, como eu já fiz isso, apresento abaixo um resumo dos principais padrões de privacidade e a minha visão sobre a sua implementação, mas você precisa adaptar para a sua realidade cada cenário.

Um princípio que faz todo sentido em privacidade é a minimização de dados coletados e expostos. O padrão **"Location Granularity"** ilustra isso ao sugerir que serviços coletem ou divulguem apenas a precisão de localização necessária, evitando detalhes excessivos. Por exemplo, um aplicativo de clima pode usar apenas o endereço ou a cidade em vez da coordenada GPS exata, mantendo a funcionalidade e reduzindo o risco de identificação precisa ou uso malicioso dos dados.

De forma semelhante, **"Protection against Tracking"** evita rastreamento de usuários limitando cookies de terceiros – apagando-os regularmente ou bloqueando-os por padrão – o que dificulta a construção de perfis de navegação completos sobre o indivíduo. Esse padrão, comum em navegadores com configurações de anti-rastreamento ou extensões como cookie blockers, protege o usuário de perfilamento e segmentação invasiva.

Outro exemplo de minimização é **"Strip Invisible Metadata"**, que remove metadados ocultos de arquivos (por exemplo, eliminar dados EXIF de localização de fotos) para evitar a divulgação de informações embutidas no conteúdo. Algumas plataformas já aplicam esse padrão, impedindo que detalhes como coordenadas GPS ou identidade do dispositivo acompanhem um arquivo compartilhado.

Em certos cenários, ao invés de eliminar dados, pode-se adicionar imprecisão de forma controlada: **"Added-noise measurement obfuscation"** introduz ruído estatístico nos dados coletados, mascarando valores individuais sem comprometer as tendências gerais. Essa técnica, usada em privacidade diferencial por grandes empresas para coleta de estatísticas, diminui significativamente o risco de reidentificação de usuários a partir de conjuntos de dados agregados - Nós falaremos ainda mais sobre técnicas de anonimização mais adiante.

Para proteger a identidade do usuário, diversos padrões focam em anonimato e em quebrar elos de rastreamento. O **"Onion Routing"** é um padrão clássico de anonimização de tráfego: ele encapsula comunicações em camadas múltiplas de criptografia e as roteia por vários nós, de modo que nenhum intermediário conhece tanto a origem quanto o destino final. A rede Tor (The Onion Router) exemplifica esse conceito, garantindo alto grau de privacidade– observadores externos não conseguem associar o usuário aos sites que ele acessa.

Outro padrão, **"Anonymity Set"**, dilui cada indivíduo em

um grupo maior para ocultá-lo na multidão. Somente dados agregados de pelo menos um certo número k de usuários são divulgados, garantindo que nenhum registro isolado identifique alguém (conceito de k-anonimato).

Nesse mesmo esforço de confundir possíveis vigilantes, **"Use of dummies"** adiciona ações ou dados falsos misturados aos reais, dificultando que terceiros distingam os comportamentos verdadeiros do usuário. Por exemplo, um app de buscas comprometido com privacidade poderia disparar consultas aleatórias adicionais além das buscadas pelo usuário, embaralhando qualquer tentativa de perfilá-lo.

De forma semelhante, o **"Identity Federation Do Not Track Pattern"** evita que provedores de identidade centralizados (como redes sociais usadas para login) monitorem todos os serviços onde o usuário se autentica. Arquiteturas inspiradas nesse padrão (por exemplo, login federado com intermediários anônimos ou "e-mails alias" ao estilo do "Sign in with Apple") asseguram que o provedor de identidade não saiba em quais sites o usuário entrou, nem esses sites conheçam informações desnecessárias sobre o usuário. Em suma, esses padrões de anonimização e dissociação de identidades tornam extremamente difícil vincular ações online a uma pessoa específica, fortalecendo a privacidade e impedindo rastreamento generalizado.

Além do anonimato completo, há situações em que é desejável usar identidades alternativas ou minimizar atributos revelados. O padrão **"Pseudonymous Identity"** defende permitir que o usuário interaja usando identificadores que não remetem à sua identidade real – como apelidos ou contas secundárias – para que suas atividades não estejam diretamente ligadas ao seu nome verdadeiro. Isso é comum em fóruns e redes onde o indivíduo prefere privacidade: mesmo que dados dessa conta vazem, eles não revelam a pessoa por trás.

Na mesma linha, **"Pseudonymous Messaging"** permite

comunicação através de pseudônimos ou intermediários confiáveis, escondendo remetente e destinatário reais. Serviços de remailers anônimos ou e-mails descartáveis ilustram essa prática, útil para denúncias ou discussões sensíveis, pois viabilizam o contato sem expor identidades.

Já **"Masquerade"** vai um passo além ao deixar o usuário fornecer informações deliberadamente alteradas ou filtradas a um serviço. Um exemplo simples é usar um endereço de e-mail alternativo para cadastros – assim, o e-mail principal do usuário permanece protegido, e se aquele alias sofrer spam ou vazamento, pode ser descartado sem prejuízo.

Por fim, sobre anonimização, **"Attribute Based Credentials"** introduz uma forma de autenticação seletiva: em vez de revelar sua identidade completa, o usuário apresenta apenas credenciais de atributos específicos. Por exemplo, pode provar que é maior de idade por meio de um token criptográfico, sem expor nome ou data de nascimento. Esse padrão concilia funcionalidade com privacidade, garantindo requisitos (como verificar idade ou habilitação) com divulgação mínima de dados pessoais.

Garantir a autonomia do usuário sobre seus dados começa na obtenção do consentimento. **"Obtaining Explicit Consent"** e **"Lawful Consent"** asseguram que nenhum dado pessoal seja processado sem um aceite evidente e válido do titular. Na prática, isso implica apresentar opções de opt-in bem definidas (por exemplo, caixas de seleção desmarcadas que o usuário deve marcar ativamente) acompanhadas de informações compreensíveis sobre o que será feito com os dados – cumprindo os critérios de consentimento livre, informado, específico e inequívoco exigidos por leis de privacidade.

"Informed Implicit Consent" complementa isso ao tratar dos casos em que o uso do serviço implica consentimento tácito: mesmo nesses casos, o sistema deve avisar de forma destacada o usuário sobre o que está sendo consentido. Um banner indicando "Ao continuar navegando, você concorda com cookies de análise" é um exemplo – garantindo que o usuário esteja ciente do acordo implícito. Adicionalmente, se houver transferência de dados a terceiros, o padrão **"Outsourcing [with consent]"** recomenda obter um consentimento específico e extra antes de envolver parceiros externos no processamento das informações. Assim, o usuário não é surpreendido com compartilhamentos além da entidade a qual concedeu os dados inicialmente. Claro, você precisa ficar atento aos critérios específicos da sua regulamentação - Dependendo da região ou do tipo de dado pessoal, um consentimento informado sem uma ação positiva do usuário não é suficiente.

Os padrões também garantem que, após o consentimento inicial, o usuário mantenha controle fino sobre o que compartilha, quando e com quem. Uma abordagem central é **"Selective Disclosure"**, na qual o serviço se adapta aos dados que o usuário está disposto a fornecer. Em vez de exigir um pacote completo de informações, o sistema funciona mesmo que o usuário opte por não preencher tudo – talvez com funcionalidade limitada, porém sem bloquear o acesso. Por exemplo, se um formulário pede telefone e endereço mas o usuário só cede o e-mail, o cadastro ainda prossegue. Nesse mesmo espírito de flexibilidade, **"Enable/Disable Functions"** oferece interruptores para recursos que envolvem dados pessoais, permitindo ao usuário ativar ou desativar funcionalidades como geolocalização, histórico de atividades ou personalização de anúncios conforme sua preferência. Assim, ele pode usufruir do serviço ajustando as áreas que considera invasivas, em vez de ter que aceitar tudo ou nada. Da mesma forma, **"Selective access control"** e o conceito de **"Buddy List"** asseguram que o usuário escolha o público de cada informação que compartilha. A plataforma pode, por padrão, isolar compartilhamentos a um círculo restrito de amigos ou contatos de confiança, e deixar o usuário expandir manualmente a audiência se desejar.

Esse **"Reasonable Level of Control"** – selecionar destinatários ou grupos para cada post, foto ou dado – evita exposições desnecessárias, mantendo separadas as diferentes esferas da vida do usuário. Adicionalmente, **"Active broadcast of presence"** propõe dar controle sobre o status online: o usuário poderia decidir quando notificar sua presença aos contatos (por exemplo, ligando manualmente um indicador de "disponível"), em vez de o sistema mostrar automaticamente a todos quando ele está conectado.

Para evitar deslizes, **"Discouraging blanket strategies"** sugere não aplicar configurações globais únicas para toda atividade. Em vez disso, a interface convida o usuário a escolher o nível de privacidade a cada nova publicação ou compartilhamento – por exemplo, confirmando se aquele item específico será público, só para amigos ou restrito – o que previne o esquecimento de uma configuração aberta que exponha conteúdos futuros. E caso o usuário cometa um engano, **"Preventing mistakes or reducing their impact"** implementa salvaguardas: avisos de confirmação antes de ações irreversíveis (como enviar informação sensível), opções de edição ou remoção pós-envio, ou períodos de arrependimento ("desfazer" uma postagem logo após publicar).

Já o **"Decoupling content and location information visibility"** lida com um caso específico mas importante: permite que a informação de localização anexada a um conteúdo seja ocultada ou removida independentemente do conteúdo em si. Assim, se o usuário inicialmente compartilhou uma foto com geolocalização mas depois reconsidera, ele pode retirar a localização sem ter que excluir a foto inteira, garantindo controle retroativo sobre dados contextuais. Conforme o usuário utiliza o sistema, suas preferências podem ser refinadas gradualmente – ideia capturada no padrão **"Negotiation of Privacy Policy"**, que propõe ajustar as configurações de privacidade ao longo do tempo com base nas escolhas e feedback do próprio usuário.

Alguns padrões focam em alinhar os interesses do usuário e do sistema, oferecendo benefícios para estimular compartilhamento consciente. **"Reciprocity"** sugere que os usuários recebam valor proporcional às contribuições de dados que fazem – por exemplo, ao fornecer informações eles ganham acesso a análises agregadas ou a dados de outros em contrapartida. **"Pay Back"** enfatiza recompensas diretas, como descontos, bônus ou funcionalidades extras em troca de informações pessoais ou conteúdo fornecido. Já **"Incentivized Participation"** combina essas ideias, indicando que os usuários colaboram mais quando percebem um retorno justo ou quando a contribuição pode ser feita de forma anônima e segura. A vantagem desses padrões é aumentar a boa vontade dos usuários em compartilhar dados úteis: eles o fazem porque enxergam utilidade ou justiça na troca (seja um benefício financeiro, social ou informacional), ao mesmo tempo em que suas expectativas de privacidade são atendidas.

A transparência sobre práticas de dados é importante. **"Privacy Policy Display"** preconiza informar claramente, no ato da coleta, porque um dado pessoal é solicitado e como será usado, reduzindo a assimetria de informação (conforme o padrão **"Minimal Information Asymmetry"** busca fazer). Por exemplo, ao lado de um campo de telefone pode constar a nota "Usado apenas para notificações de entrega". **"Dynamic Privacy Policy Display"** leva isso para o contexto em tempo real, fornecendo explicações através de dicas (tooltips) ou mídias informativas exatamente quando o usuário interage com um campo relacionado à privacidade, eliminando dúvidas no momento certo.

Mesmo assim, políticas completas costumam ser longas; por isso, **"Layered Policy Design"** organiza os termos em camadas: primeiro um resumo curto e amigável com pontos-chave, seguido de seções expansíveis com detalhes legais completos. Similarmente, **"Abridged Terms and Conditions"** disponibiliza uma versão resumida dos termos de uso, destacando cláusulas importantes de forma acessível. Técnicas visuais também ajudam na transparência: **"Privacy Labels"** propõe um quadro padronizado que resume categorias de dados coletados e seu uso, à semelhança de um rótulo nutricional, permitindo comparar serviços facilmente.

Além disso, **"Privacy icons"**, juntamente com **"Icons for Privacy Policies"** e **"Appropriate Privacy Icons"**, defende o uso de símbolos universais para representar aspectos da política (por exemplo, um ícone de cadeado para indicar dados protegidos, ou uma figura com seta para terceiros para indicar compartilhamento externo). O padrão **"Privacy Color Coding"** complementa com cores indicativas de níveis de privacidade (verde para informações privadas, amarelo para compartilhadas restritamente, vermelho para públicas, por exemplo). Por fim, **"Privacy Aware Wording"** lembra que a linguagem das explicações deve ser simples e engajante, evitando jargão técnico ou legal que possa confundir. Em conjunto, esses padrões de apresentação e redação tornam as políticas de privacidade muito mais compreensíveis, aumentando a probabilidade de o usuário entender realmente a que está consentindo.

Vale mencionar também os esforços de padronização de preferências e políticas de privacidade. O **"Platform for Privacy Preferences"** (P3P) definiu um formato para que sites publicassem suas políticas de forma legível por máquinas, e o padrão **"Policy Matching Display"** previu que os navegadores ou agentes do usuário comparassem essas políticas com as preferências pessoais do usuário, alertando-o sobre incompatibilidades.

Um **"Privacy-Aware Network Client"** – essencialmente um navegador ou plug-in atento à privacidade – poderia, por exemplo, ler automaticamente a política de um site e indicar se ela cumpre ou viola as preferências que o usuário configurou (como honrar um pedido de "Do Not Track"). Na prática, essas abordagens enfrentaram desafios de adoção e não se popularizaram amplamente, mas representam tentativas importantes de automatizar a transparência e alinhar as políticas dos serviços com as expectativas declaradas dos usuários.

Manter o usuário ciente de como e quando seus dados são usados ao longo do tempo é igualmente importante. **"Asynchronous notice"** recomenda notificar periodicamente os usuários sobre acessos contínuos aos seus dados após o consentimento inicial. Por exemplo, um aplicativo pode lembrar o usuário de que acessou sua localização 20 vezes na última semana, dando-lhe a chance de revisar essa permissão. **"Ambient Notice"** prefere avisos sutis e imediatos durante o uso – como um pequeno ícone ou luz acesa sempre que a câmera ou microfone estão ativos – para que o usuário tenha consciência em tempo real de monitoramentos em andamento.

Outros padrões fornecem feedbacks mais explícitos: **"Who's Listening"** mostra ao usuário exatamente quem (outros usuários ou partes) visualizou ou tem acesso a um determinado conteúdo seu, dando noção de audiência e alcance. **"Impactful Information and Feedback"** vai além ao alertar antecipadamente sobre as possíveis consequências de se compartilhar algo – por exemplo, indicando antes do envio de uma postagem quão ampla será sua divulgação. Já **"Appropriate Privacy Feedback"** abrange todo retorno pós-ação que o sistema deve fornecer de forma clara, como confirmar que um dado foi compartilhado com determinada parte ou avisar quando informações do usuário são acessadas por terceiros.

Padrões como **"Privacy Awareness Panel"** ou **"Awareness Feed"** inserem na interface elementos fixos ou feeds históricos que mantêm o usuário consciente dos eventos relacionados à privacidade – por exemplo, uma seção mostrando "Atividades recentes: seu perfil foi visualizado 3 vezes hoje" ou lembrando configurações atuais relevantes ("Seu perfil público atualmente exibe seu último acesso"). Além disso, **"Increasing awareness of information aggregation"** enfatiza educar o usuário sobre como dados aparentemente isolados podem, quando combinados, revelar identidade ou outros dados relacionados com a pessoa. Avisos ou tutoriais podem ilustrar que preencher vários campos opcionais em diferentes momentos permite correlações não óbvias, estimulando mais cautela. No conjunto, esses mecanismos de notificação contínua e feedback garantem que o usuário não fique no escuro após ter fornecido consentimento, podendo monitorar e ajustar suas escolhas proativamente.

Além de avisos e feedbacks, ofereça ferramentas para o usuário inspecionar e gerenciar diretamente seus dados. **"Privacy dashboard"** denomina um painel central onde o usuário pode visualizar quais dados pessoais o serviço coletou e está armazenando, bem como ajustar preferências de privacidade em um só lugar. Diversas plataformas já possuem painéis assim, mostrando histórico de buscas, atividades, apps conectados, e permitindo revogar permissões ou apagar registros com facilidade. No mesmo sentido, **"Personal Data Table"** refere-se a fornecer, sob demanda, um inventário detalhado de todos os dados que o controlador possui sobre o usuário – frequentemente como parte do direito de acesso garantido por lei. Isso pode vir na forma de um relatório ou arquivo para download contendo informações do perfil, registros de uso, logs, etc. **"Privacy Mirrors"**, por sua vez, refletem de volta ao usuário a visão que o sistema tem dele: revelam quais informações sobre ele estão armazenadas, que inferências ou perfis foram gerados a partir desses dados, e quais entidades tiveram acesso. Essa transparência total permite ao usuário ver se a imagem digital que ele projeta condiz com suas expectativas e, se necessário, solicitar correções ou remoções. Ao disponibilizar esses recursos de introspecção – painel de controle, tabela de dados pessoais, espelho de privacidade – a organização empodera o usuário a acompanhar e tomar decisões informadas sobre seus dados ao longo do ciclo de vida no sistema.

No âmbito da arquitetura e dos processos internos, vários padrões reforçam a privacidade e a conformidade sem interação direta do usuário. **"Encryption with user-managed keys"** é um exemplo: os dados pessoais são armazenados cifrados de ponta a ponta, e somente o usuário detém as chaves para decifrá-los. Assim, nem mesmo o provedor do serviço pode ler o conteúdo – uma abordagem adotada por serviços de e-mail seguro e alguns sistemas de nuvem, que protege a confidencialidade mesmo em caso de invasão de servidores ou exigência legal de dados (já que o provedor não tem como fornecer texto legível). **"Single Point of Contact"** é um padrão de segurança que centraliza todas as solicitações de acesso a dados sensíveis em uma entidade autorizadora única. Em vez de cada subsistema acessar dados delicados diretamente, eles passam por esse ponto de controle que valida credenciais e aplica políticas uniformes, reduzindo a chance de acessos indevidos e facilitando auditorias.

Por outro lado, **"User data confinement pattern"** e **"Personal Data Store"** adotam a filosofia de manter o máximo de dados possível sob controle do próprio usuário – seja processando localmente no dispositivo do usuário ou armazenando dados em um repositório pessoal controlado por ele. Somente dados estritamente necessários são enviados aos servidores centrais. Essa separação minimiza a quantidade de informação exposta em bases centralizadas que podem ser alvos de ataque. **"Aggregation Gateway"** também limita a exposição: dados de múltiplos usuários são criptografados e agregados por um intermediário antes de seguir ao serviço final, de modo que o servidor receba apenas estatísticas coletivas em vez de dados individuais brutos.

Já o padrão **"Trustworthy Privacy Plug-in"** propõe incluir um componente local – tipicamente no lado do cliente – responsável por agregar e registrar eventos de uso de forma confiável, compartilhando com o servidor apenas resultados já filtrados ou anonimizados. Isso permite que certas análises (como métricas de uso) sejam feitas no dispositivo do usuário, sob sua supervisão, aumentando a confiança de que seus dados crus não vazem. Em termos de políticas, **"Obligation Management"** garante que obrigações associadas aos dados (por exemplo, prazo de retenção, proibição de repasse) sejam cumpridas mesmo quando os dados circulam por diferentes sistemas. Relacionada a isso, a ideia de **"Sticky Policies"** é anexar políticas legíveis por máquina aos dados, de forma que qualquer sistema receptor saiba e seja tecnicamente compelido a respeitar as restrições e obrigações definidas pelo controlador original ou pelo titular.

"Sign an Agreement to Solve Lack of Trust on the Use of Private Data", tem um nome grande e aborda a responsabilidade legal: sugere que o provedor de serviço assine acordos formais comprometendo-se a limitar o uso dos dados conforme finalidades específicas e a proteger a privacidade do usuário, criando uma obrigação contratual adicional além do mero consentimento. Aliado a isso, **"Trust Evaluation of Services Sides"** introduz auditorias e certificações independentes que avaliam o nível de privacidade de um serviço – o equivalente a um selo de qualidade em proteção de dados, que pode ser exibido ao público.

Por fim, **"Federated Privacy Impact Assessment"** recomenda que, quando múltiplas partes ou organizações compartilham dados (como em sistemas federados ou integrações de parceiros), seja conduzida uma avaliação de impacto de privacidade abrangente considerando o ecossistema completo. Isso antecipa riscos emergentes da correlação de dados entre fontes distintas e ajuda a mitigar problemas de privacidade que só se manifestariam quando sistemas antes separados começam a trocar informações. Todos esses padrões internos atuam nos bastidores para assegurar que o sistema proteja os dados de acordo com princípios de privacidade, mesmo além da interação direta com o usuário.

Apesar de todas as precauções, é preciso estar preparado para incidentes e tratar a segurança do usuário. **"Data Breach Notification Pattern"** estabelece que, em caso de violação de dados pessoais, a organização deve detectar rapidamente o problema e notificar sem demora as autoridades regulatórias e os usuários impactados. Isso permite que os titulares tomem medidas de proteção (como trocar senhas ou ficar alertas a tentativas de fraude) e demonstra transparência e responsabilidade por parte do serviço, mitigando danos à confiança. Já **"Unusual Activities"** é um padrão preventivo que monitora acessos e comportamentos em busca de anomalias que possam indicar uso indevido ou invasão de conta. Por exemplo, tentativas de login de localizações inusitadas ou acessos em horários atípicos podem acionar alertas, solicitar autenticação adicional de dois fatores ou bloquear temporariamente a conta até confirmação.

No contexto de comunidades online, **"Anonymous Reputation-based Blacklisting"** permite banir usuários mal-intencionados com base em reputação ou identificadores anônimos, sem exigir conhecer sua identidade real. Um fórum pode, por exemplo, atribuir tokens ou pseudônimos fixos a contribuidores anônimos e bloquear aqueles com histórico de abusos, enquanto os participantes legítimos permanecem protegidos pelo anonimato. Por fim, a camada de autenticação do usuário também é contemplada: **"Informed Secure Passwords"** encoraja o design de interfaces de cadastro e login que eduquem o usuário sobre boas práticas de senha – indicando força da senha em tempo real, ou avisando se uma senha escolhida já apareceu em vazamentos conhecidos – ajudando a prevenir contas frágeis que comprometeriam a privacidade. E **"Informed Credential Selection"** sugere que, quando são oferecidas múltiplas maneiras de se autenticar (por exemplo, entrar com Google/Facebook vs. criar uma nova conta), o sistema indique de forma neutra as implicações de privacidade de cada opção. Já usei esse padrão e posso afirmar que é muito melhor deixar o usuário poder decidir com consciência se prefere usar um login federado, ciente de que certos dados de perfil serão compartilhados, ou optar por credenciais separadas para manter as informações segregadas. Em conjunto, esses padrões de segurança e gerenciamento de incidentes reduzem a probabilidade de falhas de privacidade e garantem uma resposta rápida caso elas ocorram, preservando ao máximo os direitos e a segurança dos usuários.

Para concluir essa análise mais extensa dos padrões de privacidade, apresento uma tabela com exemplos práticos de alguns dos padrões mais utilizados em serviços do nosso dia-a-dia que com certeza você já interagiu em algum aplicativo ou website.

Padrão de Privacidade	Exemplo de Caso de Uso
Location Granularity	Google Maps compartilha apenas a cidade ao invés da localização exata para previsões de tráfego.
Protection against Tracking	Mozilla Firefox bloqueia cookies de terceiros para impedir rastreamento entre sites.
Strip Invisible Metadata	WhatsApp remove metadados de imagens enviadas para evitar exposição de informações de localização.
Added-noise measurement obfuscation	Apple usa privacidade diferencial para coletar estatísticas de uso sem identificar usuários.
Onion Routing	Tor permite navegação anônima ao encaminhar tráfego por múltiplos n º 3 s criptografados.
Anonymity Set	Serviços de pesquisa

	anônima como DuckDuckGo agrupam usuários para evitar rastreamento individual.
Use of dummies	Um app de buscas envia consultas aleatórias para dificultar a criação de perfis do usuário.
Identity Federation Do Not Track Pattern	Apple Sign-in cria e-mails aleatórios para cada serviço, impedindo rastreamento centralizado.
Pseudonymous Identity	Redes sociais como Reddit permitem criação de perfis sem identificação real.
Pseudonymous Messaging	E-mails temporários ajudam usuários a se comunicarem sem revelar sua identidade.
Masquerade	Usuários podem fornecer números de telefone descartáveis ao se cadastrar em serviços online.
Attribute Based Credentials	Apps de verificação de idade permitem provar a maioridade sem expor a data de nascimento.
Obtaining Explicit Consent	Websites pedem consentimento explícito antes de armazenar cookies não essenciais.
Lawful Consent	Formulários de newsletter

	requerem opt-in explícito para envio de e-mails promocionais.
Selective Disclosure	Usuários do LinkedIn podem escolher mostrar ou ocultar suas conexões a terceiros.
Enable/Disable Functions	Google Maps permite ativar ou desativar o histórico de localização a qualquer momento.
Selective access control	Facebook permite configurar a visibilidade de postagens individualmente.
Privacy Policy Display	Sites exibem banners de privacidade com explicação resumida sobre o uso de dados.
Dynamic Privacy Policy Display	Pop-ups informam quais dados estão sendo coletados no momento da interação.
Privacy Labels	App Store exibe selos indicando quais dados um aplicativo coleta antes da instalação.
Encryption with user-managed keys	ProtonMail permite criptografar e-mails sem que a empresa tenha acesso ao conteúdo.
Privacy dashboard	Google permite visualizar e gerenciar histórico de

	atividades em um painel centralizado.
Data Breach Notification Pattern	Empresas notificam usuários e reguladores sobre vazamentos de dados dentro do prazo legal.
Unusual Activities	Bancos bloqueiam transações suspeitas e pedem autenticação adicional ao usuário.

Para desenvolvedores de aplicativos móveis nas plataformas mais populares, as diretrizes de privacidade da Apple e do Google para desenvolvimento de aplicativos seguem princípios mais rigorosos de proteção de dados, exigindo que os desenvolvedores implementem arquiteturas seguras e transparentes. No ecossistema da Apple, os aplicativos devem aderir à App Tracking Transparency (ATT), que exige consentimento explícito do usuário antes de qualquer rastreamento entre aplicativos e sites. Além disso, a Apple exige que os aplicativos justifiquem a coleta de dados no Privacy Manifest e utilizem frameworks seguros, como o Secure Enclave para armazenamento de chaves criptográficas e Keychain para credenciais. Já no Android, o Google adota uma abordagem baseada na minimização de dados e controle granular, exigindo que os aplicativos utilizem o Scoped Storage para isolar dados de aplicativos e reduzam a necessidade de permissões invasivas, como o acesso ao identificador de publicidade (GAID), que agora requer consentimento do usuário.

Do ponto de vista arquitetural, os aplicativos precisam adotar técnicas de segurança em sandbox para garantir o isolamento dos dados do usuário. No iOS, cada aplicativo opera dentro de um contêiner isolado, com políticas de acesso restritivas definidas pelo App Sandbox, impedindo que processos externos acessem dados sensíveis. No Android, o uso de FileProvider para compartilhamento seguro de arquivos entre aplicativos e o uso do Auto Backup com criptografia garantem que dados sensíveis não sejam expostos indevidamente. Além disso, ambos os sistemas incentivam o uso de APIs seguras para comunicação com servidores, recomendando práticas como HTTPS obrigatório com TLS 1.2+ e o uso de chaves API restritas para evitar vazamento de credenciais.

Os desenvolvedores também devem se atentar à conformidade com as regras de transparência no gerenciamento de dados do usuário. No iOS, a Apple exige que os aplicativos forneçam um Privacy Nutrition Label na Appstore, detalhando quais tipos de dados são coletados e como são usados. Já no Android, o Google Play exige a Data Safety Section, um equivalente que obriga a divulgação de práticas de coleta e compartilhamento de dados. Além disso, ambos os sistemas operacionais desencorajam o uso de SDKs de terceiros que não sigam diretrizes de privacidade e recomendam a implementação de técnicas como Differential Privacy e armazenamento local seguro sempre que possível para minimizar a exposição de dados sensíveis.

Parece muita coisa? Cada dia surgem novas exigências, padrões e responsabilidades que tornam a vida do engenheiro de privacidade cada vez mais desafiadora.

Estar atualizado e compreender essas diretrizes é um pré-requisito para profissionais técnicos que desejam implementar soluções inovadoras alinhadas com os desafios globais de privacidade. O cenário é dinâmico, as demandas são complexas, mas o impacto do trabalho técnico em privacidade é cada vez mais relevante e indispensável.

ESTRUTURA DE UM PROGRAMA DE PRIVACIDADE

Como profissional técnico é importante que você conheça o tipo de projeto ou jornada que você faz parte. Um programa de privacidade é uma iniciativa estruturada para assegurar que uma organização trate os dados pessoais de maneira ética, segura e em conformidade com regulamentações e padrões globais. Ele abrange desde a concepção até a operação de sistemas, garantindo que os princípios de proteção de dados, como minimização, transparência e controle do usuário, sejam aplicados em todas as fases do ciclo de vida do dado, tema que veremos mais adiante.

O programa envolve a implementação de medidas técnicas e organizacionais, como a integração da privacidade por design e por padrão, auditorias regulares, e o uso de ferramentas específicas para avaliação de impacto de privacidade. Este tipo de programa não apenas mitiga riscos legais e financeiros associados a violações de privacidade, mas também promove a confiança dos stakeholders e reforça a posição da organização no mercado, especialmente em um cenário onde a privacidade é cada vez mais valorizada como diferencial competitivo.

De modo mais prático, podemos dividir um programa de privacidade em dez etapas:

1. **Definição da estrutura do programa:** O profissional

deve focar em compreender os objetivos estratégicos de um programa de privacidade, garantindo que ele esteja alinhado com as metas organizacionais e não apenas com requisitos legais. Isso envolve a criação de uma base sólida que incorpora a privacidade desde o início.

2. **Planejamento da governança de privacidade:** Trabalhe para estabelecer um modelo de governança eficaz que define papéis e responsabilidades, incluindo a designação de um DPO e a integração de equipes de privacidade com outras áreas funcionais. A documentação clara e a comunicação sobre os fluxos de responsabilidade são elementos de suma importância.

3. **Identificação de requisitos de privacidade:** No levantamento de requisitos, é importante envolver equipes multidisciplinares para garantir que as necessidades de privacidade sejam capturadas desde as primeiras fases do ciclo de vida do desenvolvimento de sistemas. O foco deve estar em princípios como minimização de dados e transparência, além da análise de riscos baseada no impacto.

4. **Integração no ciclo de vida do desenvolvimento de software:** Incorporar controles de privacidade diretamente no SDLC é vital. Isso inclui aplicar medidas de segurança de dados, realizar avaliações de impacto à privacidade (DPIA) e projetar soluções que priorizem a minimização e a pseudonimização de dados.

5. **Educação e treinamento contínuos:** Profissionais de privacidade devem implementar programas de treinamento regulares para conscientizar equipes

técnicas e não técnicas sobre práticas de proteção de dados, cobrindo tópicos como segurança, mitigação de riscos e ética em IA.

6. **Monitoramento e auditoria:** A implementação de processos regulares de monitoramento e auditoria garante que as políticas de privacidade sejam efetivamente aplicadas e permite a identificação precoce de problemas. Isso deve incluir análises contínuas das práticas de coleta e armazenamento de dados.

7. **Gerenciamento de incidentes:** Estabelecer um plano robusto de resposta a incidentes é indispensável para lidar com violações de dados. A preparação deve incluir exercícios simulados para garantir que a equipe esteja pronta para responder rapidamente e de forma eficaz a eventos adversos.

8. **Engajamento com stakeholders:** O sucesso do programa de privacidade depende de um diálogo constante com todas as partes interessadas, incluindo usuários finais, fornecedores e reguladores. A transparência nas comunicações aumenta a confiança e facilita a adaptação às mudanças regulatórias.

9. **Adaptação tecnológica:** Profissionais devem priorizar a adoção de tecnologias emergentes que suportem práticas avançadas de privacidade, como anonimização e criptografia, e garantir que essas soluções sejam escaláveis para atender às demandas futuras.

10. **Evolução e melhoria contínua:** Um programa de privacidade nunca está completo; ele deve evoluir constantemente para acompanhar mudanças no

ambiente regulatório, nos avanços tecnológicos e nas expectativas dos usuários. Isso requer revisões regulares e ajustes baseados em métricas e feedbacks.

Essas etapas foram inspiradas na estrutura recomendada para um programa de privacidade da IAPP[17] (International Association of Privacy Professionals) mas adaptada para profissionais de engenharia de software.

Como profissional técnico, você já parou para pensar como pode contribuir de forma direta e estratégica nas etapas de um programa de privacidade? Desde a definição de requisitos até a evolução contínua, suas habilidades em software e desenvolvimento são essenciais para incorporar controles mais robustos no ciclo de vida do desenvolvimento, garantir que auditorias e monitoramentos sejam sustentados por ferramentas e ajudar na implementação de medidas técnicas de privacidade. Você consegue visualizar onde seu conhecimento pode ser mais valioso em cada uma dessas fases?

A equipe de arquitetura de software tem muita importância para projetar aplicações e infra estruturas que incorporam privacidade por design, adotando técnicas como minimização de dados, anonimização e controle granular de acesso. Já os desenvolvedores implementam essas diretrizes no código, utilizando práticas como criptografia end-to-end, gerenciamento seguro de credenciais e logging de atividades sensíveis com controle de auditoria. O trabalho deles é apoiado pelos engenheiros de segurança, que estabelecem frameworks para autenticação, monitoramento de riscos e proteção contra vazamentos de dados.

A equipe de operações e infraestrutura de TI colabora ativamente para garantir que os dados sejam armazenados e processados de maneira segura, adotando segmentação de rede, gestão de privilégios e políticas de retenção adequadas. Esse grupo trabalha próximo dos administradores de banco de dados, que implementam técnicas como encriptação em repouso, mascaramento de dados em ambientes de teste e segregação de dados pessoais sensíveis. Além disso, profissionais de DevOps apoiam com técnicas para automatizar a conformidade com políticas de privacidade, garantindo que cada novo deploy de software passe por verificações rigorosas de segurança e privacidade antes de ser colocado em produção.

O time de governança e conformidade atua como um ponto de convergência entre todas essas áreas, garantindo que as diretrizes regulatórias e empresariais sejam traduzidas em requisitos técnicos viáveis. Esses profissionais colaboram com os engenheiros de dados para garantir que pipelines de big data respeitem regras de consentimento e propósito de uso das informações. Também coordenam auditorias regulares para avaliar a conformidade com regulamentações de privacidade, utilizando ferramentas de monitoramento contínuo para identificar possíveis desvios de conformidade. Essa interconexão entre diferentes papéis dentro da TI fortalece a capacidade da empresa de garantir privacidade como um pilar fundamental de sua operação tecnológica.

> Lucas sempre foi um desenvolvedor muito habilidoso. Na startup onde trabalhava, qualquer pedaço de código que escrevesse precisava ser eficiente e seguro. Mas, até aquela segunda-feira, ele nunca havia pensado muito em privacidade de dados. Quando recebeu a notificação de que sua empresa havia sido fiscalizada por uma violação de privacidade, percebeu que algo estava errado.
>
> O problema começou meses antes, quando a empresa lançou um novo recurso de recomendação personalizada. O algoritmo, para ser mais preciso, armazenava e cruzava informações dos usuários sem considerar se aquelas informações eram realmente necessárias para o funcionamento do sistema. No início, ninguém viu problema. Afinal, mais dados significavam melhores recomendações.

> Mas agora, um cliente exigia a exclusão completa de seus dados – e ninguém sabia exatamente onde estavam.
>
> Foi então que Carolina, a nova DPO da empresa, entrou em ação. Seu primeiro movimento foi implementar um programa de privacidade, algo que Lucas não fazia ideia do que significava até vê-la reorganizar a empresa inteira. Primeiro, mapeou todos os fluxos de dados, identificando onde estavam armazenados, como eram processados e quem tinha acesso. Depois, definiu regras claras: dados só seriam coletados com propósito específico e deveriam ser excluídos quando não fossem mais necessários. O código precisaria mudar.
>
> Lucas passou as semanas seguintes refatorando a aplicação. Introduziu pseudonimização, criptografia e regras de retenção automática. Cada requisição do sistema agora passava por um "Privacy Gateway", garantindo que os princípios da minimização e transparência fossem seguidos. Quando finalizou a última linha de código, percebeu algo curioso: o sistema estava não apenas mais seguro, mas também mais eficiente.
>
> Meses depois, a empresa passou por uma auditoria e, pela primeira vez, não houve irregularidades. O programa de privacidade não era mais apenas um conjunto de políticas – estava integrado no próprio DNA do software. Lucas, que no início achava que aquilo era só mais uma burocracia, agora entendia: privacidade bem feita não atrapalha o produto. Pelo contrário, faz dele algo que os usuários podem confiar.

A estrutura de um programa de privacidade mostra como é complexo e importante garantir que dados pessoais sejam tratados de forma ética, segura e conforme as regulamentações.

Ao abordar desde a definição estratégica até a evolução contínua, o programa não apenas protege a organização contra riscos legais e financeiros, mas também fortalece a confiança de stakeholders e sua posição competitiva. Por meio de práticas integradas, como a privacidade por design, auditorias regulares e treinamentos, o programa estabelece um ciclo de melhoria contínua, adaptando-se a novas demandas regulatórias e tecnológicas. Assim, um programa robusto não é apenas uma obrigação legal, mas um pilar estratégico que promove a sustentabilidade e a inovação em um ambiente onde a privacidade é cada vez mais valorizada.

ANÁLISE DO CICLO DE VIDA DE DADOS

O ciclo de vida dos dados no desenvolvimento de software compreende as fases de criação, armazenamento, utilização, compartilhamento e descarte de informações. Como engenheiro de software especializado em cibersegurança e privacidade, afirmo que a compreensão dessas etapas é o mínimo que você precisa para a mitigação de riscos associados ao tratamento de dados, sejam eles pessoais ou não. Porque? A ausência de um planejamento adequado no fluxo de dados pode resultar em vulnerabilidades críticas, como exposições de privacidade ou falhas de segurança. Portanto, tenha sempre em mente a importância de integrar medidas de proteção desde a fase de design até a eliminação dos dados, alinhando-se a regulamentações globais de privacidade e também com boas práticas como "privacy by design".

Vamos conhecer um pouco mais sobre essas fases:

1. Criação

Na fase de criação, os dados são gerados ou coletados pela primeira vez no sistema. Isso pode acontecer de várias formas, como formulários preenchidos por usuários, sensores IoT, integrações de sistemas externos ou logs de atividades. Para um engenheiro de software, essa etapa requer um design cuidadoso que minimize a coleta de dados, garantindo que cada ponto de entrada seja seguro e que os dados sejam coletados com consentimento explícito, quando for essa a hipótese de tratamento de dados mais adequado. Além disso, a validação de entrada de dados deve ser implementada para evitar a injeção de informações maliciosas ou erros que possam comprometer o sistema.

2. Armazenamento

O armazenamento trata de onde e como os dados coletados serão mantidos. Para um engenheiro de software, isso implica escolher bancos de dados ou estruturas de armazenamento apropriados, garantindo que sejam implementados controles como criptografia, backups seguros e segregação entre ambientes de produção, desenvolvimento e teste. Além disso, políticas de acesso devem restringir quem pode consultar ou modificar os dados. Considere também a conformidade com normas legais, como a retenção por períodos específicos, evitando o armazenamento excessivo de informações. Isso depende muito de cada regulamentação e setor, onde muitas vezes existem normas específicas e tabelas de temporalidade para guarda de dados.

3. Utilização

Na etapa de utilização, os dados são processados para atingir os objetivos pretendidos, como gerar relatórios, oferecer serviços personalizados ou executar análises. O engenheiro de software deve garantir que os dados sejam usados exclusivamente para os fins declarados e aprovados pelos usuários, conforme as regulamentações. Aqui, entra a aplicação de técnicas como pseudonimização ou anonimização, caso os dados sejam utilizados em análises ou testes. Outro ponto a se considerar é implementar auditorias para monitorar o uso dos dados e evitar abusos ou acessos não autorizados.

4. Compartilhamento

O compartilhamento ocorre quando os dados são transmitidos para terceiros ou disponibilizados entre diferentes sistemas internos. Para engenheiros de software, isso exige o uso de canais seguros, como APIs protegidas, transporte criptografado (TLS) e autenticação com tecnologia mais moderna e robusta. Antes do compartilhamento, é importante avaliar a necessidade real de transferência e garantir que as partes receptoras estejam em conformidade com as normas de proteção de dados. Políticas claras sobre o que pode ou não ser compartilhado ajudam a evitar o uso inadequado ou excessivo das informações.

Além das diretrizes para compartilhamento de dados, a transferência internacional de dados pessoais é um aspecto crítico no contexto da privacidade. A transferência de dados entre diferentes jurisdições requer atenção às regulamentações específicas que determinam a avaliação das garantias adequadas no país de destino. É responsabilidade do controlador garantir que os dados transferidos estejam protegidos por salvaguardas, como cláusulas contratuais padrão ou decisões de adequação da autoridade responsável. No caso de falhas ou violações, tanto o controlador quanto o operador podem ser responsabilizados solidariamente, especialmente quando não são implementadas medidas técnicas e organizacionais adequadas para proteger os dados durante a transferência. Essa responsabilidade solidária reforça a importância de parcerias com operadores confiáveis que compartilhem do compromisso com a privacidade, garantindo que os fluxos transfronteiriços de dados sejam tratados com rigor e transparência para mitigar riscos legais e operacionais.

5. Descarte

Na fase de descarte, os dados que não são mais necessários devem ser eliminados de forma segura para prevenir acessos ou exposições indesejadas. Isso inclui excluir arquivos de servidores, limpar discos rígidos e usar técnicas adequadas para apagar dados de backups. Para o engenheiro de software, essa etapa envolve a implementação de mecanismos automáticos para remoção de dados após o término do prazo legal ou contratual de retenção. Também é importante documentar o descarte para fins de auditoria e conformidade regulatória.

Cada uma dessas fases exige que o engenheiro de software combine conhecimento técnico com atenção às regulamentações de proteção de dados, garantindo que o ciclo de vida dos dados seja tratado de forma segura, eficiente e em conformidade.

Do ponto de vista técnico, o ciclo de vida do software demanda um equilíbrio entre funcionalidade e privacidade. Durante o desenvolvimento de sistemas, é comum enfrentar alguns desafios como a integração de bibliotecas de terceiros, que podem acessar mesmo sem má intenção dados sensíveis.

> Dados sensíveis são informações pessoais que, por sua natureza, podem causar discriminação ou danos à privacidade de uma pessoa caso sejam indevidamente expostos ou utilizados. Na LGPD (Lei Geral de Proteção de Dados do Brasil), esses dados incluem informações como origem racial ou étnica, opiniões políticas, convicções religiosas, dados genéticos ou biométricos, saúde, vida sexual ou orientação sexual. Já na GDPR (Regulamento Geral de Proteção de Dados da União Europeia), a definição é semelhante, abrangendo informações que revelam aspectos como etnia, religião, saúde, dados genéticos e biométricos usados para identificar uma pessoa. Em resumo, são informações muito pessoais que exigem proteção reforçada para garantir que sejam tratadas com segurança e respeitem os direitos de cada indivíduo e assim evitarmos discriminações das mais variadas formas.

Por exemplo, a utilização de APIs que não aderem aos princípios de minimização de dados pode resultar na exposição desnecessária de informações de usuários. A aplicação de metodologias como "Privacy by Design" permite a incorporação de mecanismos de proteção tanto na arquitetura quanto na operação do sistema, garantindo conformidade com boas práticas de privacidade.

A gestão de riscos no contexto do ciclo de vida dos dados envolve a identificação, avaliação e mitigação de ameaças potenciais. Entre os principais riscos estão violações de confidencialidade, acessos não autorizados e a retenção excessiva de dados. A implementação de controles técnicos, como pseudonimização e criptografia, aliada a auditorias regulares é o que vai lhe ajudar a reduzir esses riscos. Além disso, a realização de Análises de Impacto de Privacidade (PIAs) permite antecipar e mitigar problemas antes da implantação do sistema em produção.

Um exemplo prático pode ser observado no desenvolvimento de uma aplicação de e-commerce. Nesse cenário, é recomendável armazenar apenas os dados estritamente necessários para o processamento de pedidos, descartando dados pessoais que sejam considerados sensíveis após a conclusão da transação. Em um projeto no passado, implementamos técnicas de anonimização para relatórios analíticos, evitando a exposição de dados pessoais em dashboards gerenciais. Essas práticas não apenas reforçaram a privacidade dos usuários, mas também reduziram o risco regulatório.

A segurança da informação no ciclo de vida dos dados deve ser uma prioridade para prevenir vazamentos e acessos indevidos. A adoção de controles de acesso, o monitoramento contínuo de atividades e o treinamento regular da equipe são práticas indispensáveis. Um outro incidente marcante que passei envolveu a falta de segregação entre ambientes de desenvolvimento e produção, permitindo que desenvolvedores acessassem dados reais em ambientes de teste. Após uma análise forense, implementamos protocolos mais sofisticados, incluindo a separação de ambientes e a utilização de dados sintéticos para testes.

Os controles da ISO 27001 e da ISO 27701 são fundamentais no ciclo de vida dos dados em softwares, garantindo que cada etapa, desde a coleta até a exclusão, siga padrões de segurança e privacidade. No momento da coleta e criação de dados, os controles de classificação de informações asseguram que os dados sejam rotulados corretamente, determinando seu nível de sensibilidade e requisitos de proteção. A ISO exige que dados pessoais e críticos sejam coletados minimamente, respeitando princípios de necessidade e proporcionalidade.

Durante o armazenamento e processamento, os controles de segurança da ISO 27001 determinam o uso de criptografia, segregação de dados e gestão de acessos para evitar vazamentos e acessos não autorizados. Técnicas como encriptação em repouso e anonimização ajudam a reduzir riscos em sistemas que lidam com grandes volumes de dados. Além disso, a ISO 27701, que complementa a 27001 com diretrizes específicas para privacidade, estabelece que os sistemas implementem rastreabilidade e auditoria, garantindo que qualquer atividade envolvendo dados seja monitorada e documentada.

Na fase de retenção e descarte de dados, as diretrizes da ISO exigem que os sistemas tenham políticas definidas para armazenamento seguro e exclusão de informações de maneira irrecuperável quando não forem mais necessárias. Isso inclui a adoção de técnicas como exclusão segura em bancos de dados, sobrescrita de discos e gestão automatizada de políticas de retenção. A norma também recomenda revisões com uma certa frequência para garantir que dados armazenados não sejam mantidos além do necessário, reduzindo riscos de exposição ao longo de todo o ciclo de vida dos dados onde os controles da ISO ajudam a estabelecer um fluxo seguro e eficiente, minimizando riscos e garantindo que a privacidade e segurança das informações sejam preservadas.

Veja que, nem tudo o que fazemos tem como objetivo fim a proteção de dados pessoais, mas sim garantir um nível adequado de segurança da informação e gerenciamento de riscos, o que, ao final, acaba aumentando a maturidade da empresa e a proteção de dados acaba sendo uma consequência natural ao agregar conceitos de privacidade em projetos já maduros de segurança.

Adotar uma abordagem completa do ciclo de vida dos dados vai além de uma boa prática; É uma responsabilidade técnica e ética para garantir confiança, conformidade e resiliência no ecossistema digital. A integração de princípios de segurança e privacidade desde as fases iniciais do desenvolvimento é o que é necessário para construir sistemas robustos e alinhados às demandas regulatórias e às expectativas dos usuários.

CHECKLIST DE AÇÕES PRÁTICAS

- ☐ Mapeei os dados pessoais tratados em todos os sistemas da empresa.
- ☐ Identifiquei bases legais para o tratamento de dados pessoais no software.
- ☐ Documentei os fluxos de dados dentro do ciclo de vida do software.
- ☐ Realizei uma análise de riscos para identificar possíveis vulnerabilidades nos dados.
- ☐ Estabeleci controles de acesso para dados sensíveis e pessoais.
- ☐ Habilitei a criptografia para proteger dados em repouso e em trânsito.
- ☐ Verifiquei a conformidade das práticas com as regulamentações aplicáveis à privacidade.
- ☐ Implementei logs de atividades que rastreiam acessos e uso de dados.
- ☐ Treinei a equipe de TI sobre privacidade e segurança de dados.
- ☐ Desenvolvi uma política clara de retenção e exclusão de dados.
- ☐ Criei um plano de resposta a incidentes relacionados a dados pessoais.
- ☐ Revisei periodicamente o ciclo de vida do software para melhorar práticas de privacidade.

CAPÍTULO 2

Design de Software com Privacidade

A incorporação de privacidade no design de software vai além de um requisito técnico; trata-se de um compromisso com os usuários e com as regulamentações de proteção de dados. Este capítulo explora como o princípio da privacidade por design pode ser integrado desde as primeiras etapas do desenvolvimento, garantindo que sistemas sejam projetados para minimizar a coleta de dados, proteger dados das pessoais e permitir controles claros para os usuários.

PRIVACIDADE POR DESIGN E POR PADRÃO

O conceito de Privacy by Design (PbD) é um dos pilares fundamentais da proteção de dados moderna e foi originalmente desenvolvido pela Dra. Ann Cavoukian[18], ex-Comissária de Informação e Privacidade de Ontário, no Canadá, durante os anos 90. Em um período em que a privacidade era vista apenas como um complemento ou algo a ser implementado no fim dos projetos.

Se privacidade for pensada só no final do projeto, vai dar problema. Privacy by Design significa projetar sistemas que respeitem a privacidade antes mesmo da primeira linha de código. Assim como você não constrói uma casa sem planejar onde ficam as portas e janelas, um sistema bem projetado já nasce seguro

A Dra. Cavoukian revolucionou essa perspectiva ao defender que a privacidade deve ser integrada desde a concepção dos sistemas, produtos ou serviços – e não tratada como uma preocupação de última hora. Ela apresentou o PbD como uma abordagem proativa e preventiva, que coloca a privacidade como um elemento central do ciclo de vida do desenvolvimento e não apenas como uma exigência regulatória. Em vez de corrigir falhas e lacunas em relação à privacidade depois que um sistema já está pronto, o Privacy by Design incentiva que a privacidade seja pensada desde o início do projeto, permeando todas as suas fases: desde o planejamento inicial e arquitetura até a implementação, testes e manutenção.

O Privacy by Design se baseia em sete princípios fundamentais que orientam sua aplicação prática - Vamos analisar cada um e como esses princípios se aplicariam na prática para o engenheiro de software:

1. Ser proativo, não reativo, antecipando problemas de privacidade e prevenindo-os antes que aconteçam;

Para um engenheiro de software, isso significa identificar potenciais falhas de privacidade já nas primeiras etapas do desenvolvimento. Na prática, ao definir requisitos, é possível conduzir avaliações de impacto de privacidade (PIA) para antecipar riscos associados a fluxos de dados e implementar salvaguardas antes que o sistema entre em produção. Por exemplo, projetar APIs que evitem a exposição desnecessária de dados sensíveis é uma forma prática de ser proativo.

2. Privacidade como configuração padrão (Privacy by Default), garantindo que os dados pessoais estejam protegidos mesmo que o usuário não realize nenhuma ação adicional;

Um desenvolvedor pode aplicar esse princípio configurando sistemas para coletar apenas os dados estritamente necessários e garantindo que, por padrão, os dados pessoais sejam protegidos. Isso pode incluir, por exemplo, a definição automática de níveis restritivos de compartilhamento de dados em uma aplicação, como limitar quem pode acessar informações de perfil em uma plataforma de rede social.

3. Privacidade incorporada ao design, assegurando que a proteção de dados esteja integrada às funcionalidades centrais do sistema ou serviço, sem comprometer a usabilidade;

Para arquitetos de software, esse princípio exige que a privacidade seja uma funcionalidade intrínseca e não um recurso opcional. Isso pode ser implementado por meio da escolha de frameworks e tecnologias que suportem boas práticas de proteção de dados, como bibliotecas de criptografia e sistemas de autenticação robusta, garantindo que os sistemas sejam seguros por natureza.

4. Funcionalidade total (Positive-Sum, não Zero-Sum), equilibrando a privacidade com outros objetivos legítimos, como segurança e desempenho;

Em vez de comprometer a usabilidade para atender requisitos de privacidade, o engenheiro deve buscar soluções que ofereçam tanto segurança quanto eficiência. Por exemplo, implementar criptografia homomórfica pode permitir cálculos em dados protegidos, conciliando privacidade com funcionalidades analíticas avançadas, sem sacrificar a performance.

5. Proteção de dados de ponta a ponta (End-to-End Security[19]), garantindo que os dados estejam protegidos ao longo de todo o seu ciclo de vida;

Um desenvolvedor deve garantir que os dados estejam protegidos em cada estágio do ciclo de vida, desde a coleta até o descarte. Na prática, isso inclui o uso de TLS para proteger dados em trânsito, criptografia para armazenamento seguro e métodos seguros de exclusão de dados, como a sobrescrita de discos que tenha dados importantes.

6. Visibilidade e transparência, oferecendo clareza sobre como os dados são coletados, usados e protegidos;

Na perspectiva de um engenheiro, esse princípio se traduz em criar interfaces claras e ferramentas acessíveis que expliquem aos usuários como seus dados estão sendo coletados e utilizados. Um exemplo seria o desenvolvimento de painéis de controle para gerenciar permissões de privacidade, mostrando, de forma intuitiva, quais dados são coletados e por quê.

7. Respeito pela privacidade do usuário, colocando o indivíduo no centro das decisões e oferecendo controle real sobre seus dados.

Para um desenvolvedor, isso envolve projetar sistemas que coloquem o controle de dados nas mãos dos usuários. Na prática, isso pode ser feito implementando recursos como a exclusão de conta com um clique, opções de consentimento granular para diferentes tipos de dados e notificações claras sobre o uso das informações, sempre garantindo que essas decisões sejam respeitadas.

Conforme dito pela Dra Cavoukian para a revista da IEEE[20]

> "... a tarefa dos engenheiros e arquitetos de sistemas conscientes da privacidade é traduzir o framework conceitual de Privacy by Design (PbD) em um conjunto de ferramentas específicas e operacionalmente viáveis. Quando aplicadas por designers e gerentes de projeto, essas ferramentas garantirão que os requisitos de negócio, especificações de engenharia, metodologias de desenvolvimento, controles de segurança e melhores práticas sejam desenvolvidos ou implementados de acordo com cada domínio ou escopo do projeto – tendo a privacidade como contexto."

Então, na prática, o Privacy by Design se aplica em projetos de diversas formas. Em um projeto de desenvolvimento de software, por exemplo, ele se traduz em práticas como a minimização de dados (coletar apenas os dados estritamente necessários para a operação do sistema), a anonimização ou pseudonimização de dados pessoais, e a implementação de criptografia para proteger dados em trânsito e em repouso.

Em aplicações web e móveis, o PbD pode ser observado no desenvolvimento de banners de consentimento transparentes, que permitem ao usuário gerenciar suas preferências de privacidade de maneira granular e intuitiva. Além disso, a escolha de arquiteturas seguras para o armazenamento de dados, como ambientes em nuvem com criptografia ponta a ponta, e a implementação de logs seguros e auditáveis para monitoramento de acesso a informações são exemplos claros de como o PbD se concretiza em um ambiente técnico.

Outro exemplo comum é a criação de interfaces de usuário (UI) que incorporam a privacidade de maneira intuitiva. Um sistema que coleta dados para um formulário de cadastro, por exemplo, deve oferecer a opção de opt-in explícito, informando de forma clara e objetiva quais dados estão sendo coletados, por que estão sendo usados e com quem serão compartilhados. Além disso, o design deve permitir ao usuário revisar, modificar ou excluir seus dados com facilidade. Com o aumento da preocupação com a privacidade nos ambientes digitais, empresas que adotam o Privacy by Design não apenas garantem a conformidade com as regulamentações de privacidade, mas também ganham uma vantagem competitiva, pois transmitem confiança e transparência aos seus usuários.

A aplicação de Privacy by Design pode ser integrada em cada fase do desenvolvimento de software para garantir que a privacidade seja um pilar central. Na escolha de tecnologias, opte por frameworks e bibliotecas que suportam criptografia nativa, como o uso do Flask com a extensão Flask-Bcrypt para proteger senhas desde o início, em vez de adicionar segurança como uma camada posterior. Na arquitetura do sistema, adote o princípio da minimização de dados projetando bancos de dados que coletam apenas informações essenciais — por exemplo, usando tabelas com campos pseudonimizados (como IDs em vez de nomes reais) e configurando expiração automática de dados ociosos com TTL (Time to Live) no MongoDB. Já na interface do usuário, implemente controles granulares de consentimento, como caixas de seleção desmarcadas por padrão para cookies opcionais em um site React, acompanhadas de explicações claras sobre o uso dos dados, garantindo que o Privacy by Default seja intuitivo e acessível ao usuário final.

Por fim, o Privacy by Design transcende o conceito de simples conformidade regulatória. Ele é uma filosofia de desenvolvimento que promove a construção de produtos e serviços mais seguros, respeitosos e alinhados com os direitos fundamentais dos indivíduos. Em um mundo onde a privacidade é cada vez mais valorizada e regulamentada, incorporar o PbD aos projetos não é apenas uma escolha inteligente, mas uma necessidade estratégica para qualquer empresa que deseja inovar de forma ética e sustentável.

Antes de entrarmos mais no detalhe sobre a privacidade por padrão gostaria de trazer um caso de discussão com cliente, já em épocas mais recentes de privacidade, para mostrar como que a privacidade por design se aplicaria de maneira ímpar em um processo de desenvolvimento de software.

> Quando você é um engenheiro de sistemas, parte inevitável do seu trabalho será dizer a alguém – seja um colega, um chefe ou até mesmo um cliente – o que eles não devem fazer, por mais insistentes ou entusiasmados que estejam. O desafio é que, muitas vezes, essas conversas acontecem quando alguém acredita ter tido a ideia de milhões e só enxerga o lado positivo da inovação, ignorando riscos ou nuances.
>
> Lá no começo dos anos 2000, quando os dispositivos móveis começaram a se popularizar, o cenário da web era muito diferente. Projetos de sistemas web frequentemente eram separados: havia uma versão robusta para desktops e uma versão "modesta" e mais leve, especialmente projetada para celulares e tablets. Era comum vermos subdomínios como "m.mobile.com" ou até endereços diferenciados, como "site.com/mobile", sinalizando ao navegador que aquela era uma versão mais "humilde" do site. E não era para menos: os celulares da época tinham capacidade limitada – mal suportavam imagens pesadas e vídeos eram quase uma miragem. A preocupação principal era entregar o básico, com

interfaces simples, poucos recursos e baixíssimo consumo de dados.

Porém, com o passar dos anos, o jogo virou. A navegação passou a ser prioritariamente mobile. De acordo com o relatório da StatCounter[21], em 2023 mais de 60% do tráfego global de internet já vinha de dispositivos móveis. Smartphones modernos possuem processamento mais rápido que muitos PCs antigos e podem lidar com tudo: vídeos em 4K, gráficos complexos e gigabytes de dados. Aqueles projetos "para mobile" deixaram de ser um complemento e se tornaram a prioridade. Foi aí que nasceu o conceito de "mobile first", que dominou fábricas de software, agências digitais e departamentos de TI.

Porém, enquanto "mobile first" ganhou o coração de todo o mercado, outras preocupações começaram a emergir – entre elas, a privacidade. Como desenvolvedor preocupado com o tema, você começa a ouvir frases como "Privacy First? Que besteira". Porque, para muitos, ainda parece mais fácil remediar depois do que planejar a privacidade desde o início.

Certa vez, um cliente entusiasmado veio com uma ideia "genial" para um aplicativo. Ele queria utilizar a geolocalização do usuário para enviar notificações automáticas no WhatsApp sempre que o cliente passasse perto de uma loja parceira. Aparentemente, algo simples e direto: a loja ganha em vendas, o cliente ganha em praticidade, certo? Errado.

A ideia era implementada sem:

1. Solicitar permissão explícita do usuário;
2. Avaliar os riscos legais e de conformidade;
3. Considerar o consentimento contextual: dar acesso à geolocalização para visualizar o mapa de lojas de um shopping não significa que o usuário, de forma livre e consciente, concorda em ser bombardeado com mensagens promocionais invasivas.

Tentei explicar isso ao cliente. Apresentei exemplos de falhas semelhantes que tinham gerado repercussões negativas no mercado – empresas criticadas, apps removidos de lojas virtuais e prejuízos de imagem difíceis de recuperar. Falei sobre o conceito de Privacy by Design e sobre a importância de respeitar direitos fundamentais dos usuários. A resposta? Algo como: "Mas é só um push! Isso é coisa pequena, ninguém liga para isso".

E aí entra um dos papéis mais difíceis de quem começa a se preocupar com privacidade: dizer não.

Dizer não a projetos que parecem incríveis no papel, mas que trazem riscos claros e consequências negativas tanto para os usuários quanto para o negócio. No caso deste cliente, tentei mostrar que lançar um serviço sem respeito à privacidade é um tiro no pé. Hoje, os usuários têm uma expectativa clara de que seus dados sejam respeitados.

Serviços que desrespeitam a privacidade logo viram alvo de críticas públicas, boicotes e, em alguns casos, multas pesadíssimas.

No final, o cliente não quis ouvir. Queria implementar rapidamente para "aproveitar o feriado" e capitalizar no movimento das lojas. Minha decisão foi clara: recusei o projeto. E não foi fácil. Como desenvolvedor, há sempre o medo de perder o cliente ou comprometer um contrato importante. Mas, à medida que as demandas por privacidade crescem, um projeto como esse poderia ter consequências severas.

O que aprendi com essa situação é que "Privacy First" não é mais opcional. É um padrão que deve ser incorporado em qualquer projeto moderno, assim como o "Mobile First" foi nos anos 2010. Hoje, privacidade é prioridade – e cabe a nós, profissionais técnicos, garantir que ela seja respeitada desde a primeira linha de código.

Na era digital, a privacidade deixou de ser apenas uma exigência legal para se tornar uma questão central de segurança pessoal. Com o crescimento no uso de dispositivos conectados e a coleta de dados, ameaças como rastreamento indevido e perseguições digitais evidenciam os riscos reais para os usuários. Incorporar a privacidade desde as primeiras etapas de desenvolvimento de software, através do conceito de Privacy por Design e segurança por design são requisitos importantes para proteger os indivíduos e criar confiança nos sistemas que utilizamos diariamente.

Casos recentes, como os dispositivos de rastreamento Bluetooth sendo usados para fins maliciosos, demonstram a importância de implementar essas práticas. Empresas como Google e Apple já introduziram soluções para notificar usuários sobre possíveis rastreamentos indevidos, mostrando como o design proativo pode prevenir incidentes de segurança e melhorar a experiência do usuário. Desenvolver sistemas com privacidade como padrão não é apenas uma boa prática técnica, mas também um diferencial competitivo, permitindo que as empresas se destaquem em um mercado cada vez mais sensível à proteção de dados.

O Caso dos Chips Sem Fio: Quando o Bluetooth Hackeia o Wi-Fi

Já pensou que o Bluetooth e o Wi-Fi do seu celular poderiam estar brigando entre si — e pior, um roubando os segredos do outro? Um estudo[22] de 2021, feito por Jiska Classen e outros pesquisadores, mostrou que chips sem fio como os da Broadcom, Cypress e Silicon Labs (usados em bilhões de dispositivos) têm uma falha complicada. Esses chips, que dividem antenas e espectro para coexistirem sem bagunçar o sinal, acabam se tornando portas abertas para ataques. O Bluetooth, por exemplo, pode mexer no Wi-Fi e até pegar senhas de rede ou manipular tráfego, tudo por causa de interfaces de coexistência mal protegidas. É como se o vizinho usasse sua chave para entrar na sua casa sem você perceber.

O problema está na forma como esses chips conversam entre si.

Eles usam sinais diretos, como fios ou barramentos, para decidir quem transmite primeiro — tudo para evitar colisões e manter a performance. Só que esses sinais não têm barreiras de segurança decentes. Um chip Bluetooth consegue mandar comandos para o Wi-Fi e acessar coisas que não deveria, tipo chaves de criptografia ou pacotes inteiros. Para evitar esse problema, uma dica é checar se o firmware dos seus dispositivos está atualizado — empresas como Broadcom já correram para tapar buracos depois desse estudo. Outra ideia é obter uma camada extra de proteção no software, como isolar as permissões de cada tecnologia com algo tipo sandboxing no nível do SO.

Os pesquisadores testaram isso em aparelhos reais e conseguiram fazer façanhas como usar o Bluetooth para injetar tráfego falso no Wi-Fi ou roubar credenciais sem ninguém notar. Isso acontece porque os chips confiam uns nos outros cegamente, sem autenticação de verdade. Para não cair nessa, vale simular esses ataques no seu ambiente de teste — usa uma ferramenta como o Wireshark para ver o que tá passando entre os chips ou até um script em Python para mandar comandos aleatórios e testar as defesas. Se você trabalha com hardware embarcado, dá uma olhada na documentação do fabricante: às vezes, tem como desligar essas interfaces de coexistência ou limitar o que cada chip pode "falar" para o outro.

No fim das contas, o estudo mostra que segurança não é só código — é hardware também. Esses ataques de "escalação lateral" entre chips são um alerta para quem acha que privacidade é só coisa de servidor. Então, vamos ficar espertos: sempre desconfie de conexões internas que parecem inofensivas e teste tudo que puder. Se o Bluetooth do seu projeto for muito amigo do Wi-Fi, talvez seja hora de botar um freio nessa amizade antes que ela vire um problemão. Afinal, ninguém quer que o rádio do celular vire um espião, né?

ARQUITETURAS PARA DADOS SENSÍVEIS

Dados pessoais referem-se a qualquer informação que permita identificar, direta ou indiretamente, um indivíduo, como nome, endereço, e-mail ou número de telefone. Essas informações são amplamente utilizadas por organizações e sistemas para fornecer serviços, personalizar experiências e atender às necessidades dos usuários.

Por outro lado, certas categorias de dados pessoais são consideradas de maior sensibilidade e, por isso, recebem uma proteção adicional em diversas regulamentações ao redor do mundo. Essas informações incluem aspectos como origem racial ou étnica, opiniões políticas, crenças filosóficas ou religiosas, dados genéticos, biométricos (quando usados para identificação única de uma pessoa), informações sobre saúde, vida sexual, orientação sexual ou afiliação a organizações, como sindicatos. O tratamento inadequado desses dados pode acarretar riscos significativos, incluindo discriminação ou impactos negativos sobre os direitos fundamentais dos indivíduos. Por esse motivo, legislações de privacidade estabelecem requisitos mais rigorosos para sua coleta, processamento e compartilhamento, garantindo salvaguardas mais robustas para proteger a dignidade e a privacidade das pessoas.

Um exemplo de discriminação envolvendo dados pessoais sensíveis ocorreu no setor financeiro, onde um algoritmo de concessão de crédito utilizou, de forma inadequada, dados relacionados à origem étnica para determinar a elegibilidade de empréstimos. Apesar de não ser um critério explícito no modelo, a associação indireta de variáveis, como endereço residencial e histórico de emprego, levou à rejeição desproporcional de solicitações de indivíduos de comunidades minoritárias. Essa prática gerou exclusão financeira e perpetuou desigualdades sociais, destacando a importância de auditorias regulares e técnicas de *fairness* para mitigar vieses nos sistemas que utilizam dados sensíveis.

Ao projetar sistemas para armazenar e processar dados pessoais e sensíveis,selecione uma arquitetura de software que priorize a segurança e a segregação. Existem várias arquiteturas utilizadas no mercado, entre as quais destacam-se:

- **Monolítica**: Todos os componentes do sistema são integrados em uma única aplicação. Embora simples de implementar, é inadequada para lidar com dados sensíveis devido à falta de separação e dificuldade em garantir a segurança granular.

- **Arquitetura em Camadas**: Divide o sistema em camadas, como interface do usuário, lógica de negócios e banco de dados. Oferece uma melhor organização, mas ainda pode misturar dados sensíveis e não sensíveis, criando riscos.

- **Arquitetura de Microsserviços**: Componentes do sistema são desenvolvidos como serviços independentes que se comunicam por APIs. Essa abordagem permite maior flexibilidade e facilita a segregação de dados sensíveis em serviços isolados.

- **Arquitetura Serverless**: Utiliza funções sob demanda e serviços gerenciados. Embora ofereça escalabilidade, exige um planejamento detalhado para evitar vazamentos ou acessos não autorizados.

Para proteger dados sensíveis, a segregação eficaz exige o uso de técnicas robustas e frameworks consolidados. Alguns métodos e práticas incluem:

Criação de Bancos de Dados Separados: Dados sensíveis podem ser armazenados em um banco de dados dedicado, isolado do restante do sistema. Isso reduz a superfície de ataque e facilita a implementação de controles rigorosos.

Para implementar a separação de bancos de dados, o software precisará ser ajustado para identificar, rotear e gerenciar os dados sensíveis de forma independente do restante do sistema. Uma abordagem técnica comum é utilizar uma camada de abstração ou um proxy para rotear as solicitações de dados sensíveis para o banco de dados apropriado. Essa camada intermediária pode ser implementada usando padrões como o Repository Pattern[23] ou através de um serviço dedicado, como um Data Access Layer[24] (DAL), que decide dinamicamente para qual banco enviar a consulta com base no tipo de dado.

Para suportar múltiplos bancos de dados, o software deve ser configurado para permitir conexões simultâneas com diferentes instâncias ou clusters. Isso pode ser feito configurando múltiplos pools de conexão, onde cada pool gerencia conexões para um banco de dados específico. Além disso, é necessário implementar uma lógica de roteamento que determine o destino correto com base no contexto da requisição. Por exemplo, uma API pode inspecionar o tipo de dado solicitado e direcionar a consulta para o banco sensível ou o banco genérico.

Em termos de segurança, o banco dedicado para dados sensíveis deve ser configurado com políticas de acesso restritivas, uso de criptografia em repouso (como Transparent Data Encryption[25] - TDE) e criptografia ponta a ponta no transporte (TLS). Além disso, o isolamento pode ser reforçado usando redes privadas para limitar o acesso entre as diferentes camadas do sistema.

Se for adotada uma técnica de proxy, ferramentas como o ProxySQL[26] ou PgBouncer[27] (que funcionam para MySQL e Postgres respectivamente) podem ser configuradas para rotear automaticamente as consultas para o banco correto com base em regras definidas, como nomes de tabelas ou palavras-chave nas consultas SQL. Isso evita a necessidade de ajustes diretos na aplicação, mas exige um mapeamento claro e uma validação rigorosa das regras de roteamento para evitar que dados sensíveis sejam erroneamente expostos em consultas ao banco genérico.

Com essas práticas, a separação de bancos de dados é não apenas viável, mas também escalável, oferecendo maior segurança e flexibilidade ao sistema.

Criptografia de Dados: A criptografia, tanto em repouso quanto em trânsito, garante que dados sensíveis sejam ilegíveis sem a chave adequada. Frameworks como o AWS KMS[28] ou o Azure Key Vault[29] são frequentemente utilizados para gerenciar chaves de criptografia, por exemplo.

O software deve ser configurado para aplicar técnicas de criptografia tanto em repouso quanto em trânsito, garantindo que os dados sensíveis permaneçam protegidos em todas as etapas do seu ciclo de vida. Para dados em repouso, é possível utilizar funcionalidades nativas de criptografia oferecidas pelos sistemas de gerenciamento de banco de dados, como Oracle TDE, criptografia transparente em PostgreSQL, ou alternativas configuradas no próprio armazenamento. Essas soluções garantem que os dados armazenados sejam automaticamente criptografados, minimizando o risco de acessos não autorizados.

Na Amazon/AWS, por exemplo, você pode habilitar isso por padrão nos bancos de dados do tipo RDS[30].

Já para dados em trânsito, vale a pena configurar conexões seguras utilizando protocolos como TLS. Isso pode ser feito ajustando os parâmetros de conexão do banco de dados e os serviços da aplicação para que toda a comunicação entre as partes seja criptografada, impedindo interceptações no tráfego.

A gestão de chaves de criptografia é um componente crítico

nesse processo. O software pode ser ajustado para utilizar bibliotecas confiáveis que implementem práticas seguras de criação, armazenamento e rotação de chaves, como gerenciadores de configuração protegidos ou hardware security modules (HSMs) integrados à infraestrutura. A aplicação deve acessar as chaves de forma dinâmica e segura, sem expô-las diretamente no código ou em arquivos configuráveis.

Uma abordagem adicional envolve o uso de proxies ou intermediários de criptografia, que podem realizar operações de criptografia e descriptografia de dados antes de seu armazenamento ou recuperação. Essa camada intermediária simplifica o código do software, centraliza o gerenciamento de chaves e melhora a segurança, ao evitar que as chaves sejam diretamente acessíveis à aplicação.

Com essas implementações, os dados sensíveis permanecem protegidos contra acessos não autorizados, enquanto o sistema continua eficiente e compatível com boas práticas de segurança e arquitetura de software.

Tokenização: Substituir dados sensíveis por tokens irreversíveis permite que o sistema opere com menos riscos, pois os dados reais nunca são manipulados diretamente. Essa técnica é amplamente usada em sistemas financeiros.

Nesse caso o software deve ser projetado para substituir dados sensíveis por tokens gerados de maneira irreversível, garantindo que os dados originais sejam armazenados e acessados apenas quando absolutamente necessário. Na prática, isso envolve a integração de uma camada de tokenização no sistema, onde dados como números de cartão, identificações ou outras informações confidenciais são enviados para um serviço seguro que gera tokens únicos e irreversíveis para substituir os dados originais.

Esses tokens são armazenados e utilizados em transações diárias pelo sistema, enquanto os dados reais permanecem protegidos em um ambiente seguro, como um cofre de dados ou uma base de armazenamento isolada, acessível apenas por serviços altamente restritos. Para gerenciar essa arquitetura, o software deve incluir um mecanismo de mapeamento que permita converter tokens de volta em dados originais apenas quando necessário, com autenticação e controles rigorosos de acesso.

Como exemplo, veja como funciona um algoritmo feito para tokenizar um número de cartão de crédito em Python usando a biblioteca cryptography.

```
from cryptography.fernet import Fernet
key = Fernet.generate_key()
cipher_suite = Fernet(key)
token = cipher_suite.encrypt(b"1234-5678-9876-5432")
print(token) # Saída: b'gAAAAABl...'
```

O sistema também pode ser ajustado para incluir proxies ou gateways de tokenização, que funcionam como intermediários para processar solicitações de tokenização e deter qualquer acesso direto aos dados sensíveis. Esses proxies ajudam a centralizar a lógica de tokenização, garantindo que as operações sejam consistentes e seguras.

Além disso, para garantir alta disponibilidade e escalabilidade, o sistema deve ser preparado para gerenciar um grande volume de tokens e sincronizar atualizações em ambientes distribuídos. Isso pode incluir o uso de técnicas de particionamento de tokens ou sistemas de cache seguros para melhorar o desempenho sem comprometer a segurança.

Com a tokenização, o risco de exposição de dados sensíveis é drasticamente reduzido, permitindo que o sistema opere com maior segurança e confiabilidade, especialmente em setores onde a proteção de informações é um requisito crítico.

Controles de Acesso Baseados em Papéis (RBAC): Implementar RBAC garante que apenas usuários ou sistemas autorizados acessem dados sensíveis. Ferramentas como Keycloak[31] podem ajudar a gerenciar autenticação e autorização.

Para implementar controles de acesso baseados em papéis (RBAC) de forma eficaz, o software deve ser projetado para identificar e diferenciar os níveis de permissão de usuários ou sistemas com base em suas funções específicas. Na prática, isso envolve a definição clara de papéis no sistema, como "administrador", "analista" ou "usuário final", e a associação de permissões específicas a cada um desses papéis. Essas permissões determinam quais recursos e dados podem ser acessados, além das operações que podem ser realizadas.

A aplicação precisa de uma camada de controle robusta para verificar as permissões de cada solicitação antes de conceder acesso a dados sensíveis ou funcionalidades críticas. Isso pode ser alcançado com o uso de middleware que intercepte requisições, valide tokens de autenticação e autorize acessos com base nos papéis definidos. Por exemplo, frameworks ou bibliotecas de autenticação podem ser configurados para emitir tokens JWT[32] que incluam as informações de papéis, permitindo que o sistema autorize ações de forma descentralizada e eficiente.

Além disso, a aplicação pode integrar soluções especializadas de gerenciamento de identidade e acesso (IAM), que simplificam a configuração e o monitoramento de RBAC em sistemas complexos. Ferramentas como proxies de autenticação ou serviços dedicados ajudam a centralizar a lógica de autenticação e autorização, reduzindo a necessidade de replicar essas funcionalidades no código da aplicação.

Por fim, para garantir que o RBAC seja eficaz, o software deve incluir mecanismos de auditoria e monitoramento para registrar e revisar tentativas de acesso, identificar possíveis violações e ajustar as permissões conforme necessário. Com essas implementações, o sistema estará equipado para proteger dados sensíveis, garantir a conformidade com políticas organizacionais e operar com maior segurança e eficiência.

Em um dos maiores escândalos de proteção de dados do setor de energia, a Enel Energia foi multada[33] em 79 milhões de euros pelo Garante Privacy, a autoridade italiana de proteção de dados. O caso revelou falhas graves nos sistemas de segurança da empresa, permitindo que agentes não autorizados tivessem acesso às suas bases de dados e usassem essas informações para práticas ilegais de telemarketing. Durante anos, clientes foram alvos de ligações invasivas, promoções enganosas e até contratos assinados sem consentimento real. A multa, a maior já aplicada pelo órgão até então, veio após uma investigação que descobriu que a Enel adquiriu 978 contratos de empresas que nem sequer faziam parte da sua rede de vendas oficial.

O problema não foi apenas o uso indevido de dados, mas também a falta de controles adequados nos sistemas internos da Enel. Inspeções revelaram que as defesas da empresa eram frágeis, permitindo a entrada de "procacciatori abusivi" — captadores de clientes que se aproveitaram das vulnerabilidades para operar ilegalmente. No total, pelo menos 9.300 contratos foram ativados por meio dessas práticas questionáveis. Esse caso destaca um risco crítico para equipes de engenharia de software: a necessidade de proteger bases de dados sensíveis contra acessos indevidos. Medidas como autenticação reforçada, monitoramento de atividades suspeitas e restrições rigorosas de acesso são essenciais para evitar que brechas sejam exploradas para negócios ilícitos e para garantir a conformidade com as leis de proteção de dados.

Segregação Física e Lógica: Em arquiteturas mais robustas, os dados sensíveis podem ser armazenados em servidores físicos separados ou em clusters isolados logicamente na nuvem.

Para implementar a segregação física e lógica de dados sensíveis, o software e a infraestrutura devem ser projetados para isolar completamente esses dados do restante do sistema. A segregação física pode envolver a utilização de servidores dedicados, em que os dados sensíveis são armazenados em hardware separado, com acesso físico restrito e políticas de segurança específicas, como firewalls em nível de rede e segmentação VLAN. Essa abordagem minimiza o risco de acessos não autorizados e limita a superfície de ataque a componentes específicos.

Por outro lado, a segregação lógica é amplamente utilizada em ambientes de nuvem, onde os dados sensíveis são isolados em clusters ou instâncias virtuais dedicadas. Essa configuração requer o uso de identidades separadas, redes privadas virtuais (VPNs) e políticas de controle de acesso rigorosas para garantir que apenas serviços ou usuários autorizados possam interagir com esses clusters. Ferramentas de gerenciamento de infraestrutura como código (IaC), como Terraform [34] ou Ansible[35], podem ser utilizadas para definir e aplicar essas configurações de isolamento de maneira consistente e automatizada.

Ao usar Terraform para provisionar uma VPC segura na AWS é uma configuração simplificada, por exemplo:

```
resource "aws_vpc" "main" {
  cidr_block = "10.0.0.0/16"
  enable_dns_support = true
  tags = { Name = "vpc-segura" }
}
```

Já no caso de Ansible, você pode integrar para realizar hardening do servidor:

```
- name: Desabilitar root login
  lineinfile:
    path: /etc/ssh/sshd_config
    regexp: '^PermitRootLogin'
    line: 'PermitRootLogin no'
```

E por fim, configure GuardDuty para monitoramento:

> Ative via console ou CLI: aws guardduty create-detector -- enable."

Com esse pipeline você consegue aumentar a segurança das configurações dos servidores, por exemplo. Não esqueça que acima apresento apenas alguns trechos chave de maneira mais simplificada para você ter um entendimento das possibilidades, contudo, na realidade do seu projeto deves compreender como incorporar cada componentes de maneira a agregar mais segurança e privacidade.

No software, ajustes serão necessários para garantir que as aplicações saibam quais servidores ou clusters contêm dados sensíveis. Isso pode incluir a configuração de proxies de conexão ou middlewares que roteiam as requisições de acordo com o tipo de dado. Por exemplo, consultas a dados comuns podem ser direcionadas para servidores padrão, enquanto acessos a dados pessoais sensíveis são encaminhados para os servidores ou clusters segregados. Essa lógica também pode ser integrada com sistemas de autenticação e autorização para reforçar o controle sobre quem ou o que pode acessar os dados sensíveis.

Ao combinar essas técnicas, a segregação física e lógica não apenas aumenta a segurança, mas também facilita o cumprimento de políticas organizacionais e reduz o impacto de potenciais incidentes, garantindo maior resiliência e confiabilidade para a operação do sistema.

Em um caso que levanta sérias preocupações sobre segurança de dados em hospitais públicos, o Centro Hospitalar Barreiro Montijo, em Portugal, foi multado em 400.000 euros pela Comissão Nacional de Proteção de Dados (CNPD). A infração envolvia falhas graves na proteção de informações médicas de pacientes, resultando em acesso indiscriminado a dados sensíveis. A investigação revelou que o hospital não possuía controles adequados para restringir acessos conforme a necessidade de cada profissional, violando princípios fundamentais da minimização de dados e do "need to know". O caso veio à tona não por uma denúncia formal, mas após uma reportagem da imprensa, evidenciando que as falhas eram conhecidas publicamente antes mesmo de qualquer ação regulatória.

A auditoria revelou um cenário alarmante: 985 contas de usuários estavam associadas ao perfil de "médico", mas apenas 296 médicos faziam parte da equipe do hospital. Além disso, credenciais antigas de profissionais que já não trabalhavam mais no hospital ainda estavam ativas, e nove funcionários administrativos tinham acesso irrestrito a informações clínicas. Essas vulnerabilidades poderiam ter permitido que qualquer usuário autorizado dentro do sistema consultasse dados sigilosos de pacientes, sem justificativa ou rastreamento adequado. O hospital tentou se defender alegando que utilizava um sistema fornecido pelo Ministério da Saúde português, mas a CNPD rejeitou essa justificativa, reforçando que a responsabilidade pela segurança dos dados era da própria instituição.

Para as equipes de engenharia de software e segurança da informação, esse caso serve como um alerta sobre os riscos da falta de governança no controle de acessos. Em ambientes onde se lida com dados sensíveis, como informações médicas, implemente uma gestão rigorosa de perfis de usuários, auditoria contínua de acessos e autenticação robusta.

Monitoramento e Auditoria: Utilizar ferramentas como Splunk[36] ou ELK[37] para monitorar acessos e atividades em torno de dados sensíveis, ajudando a detectar anomalias ou acessos não autorizados.

Para implementar monitoramento e auditoria eficazes, o software e a infraestrutura devem ser configurados para capturar, armazenar e analisar registros detalhados de todas as atividades relacionadas a dados sensíveis. Isso inclui o rastreamento de acessos, consultas, modificações e tentativas de acesso não autorizadas. Ferramentas como **Splunk**, **ELK Stack** (Elasticsearch, Logstash e Kibana), ou outras plataformas de gerenciamento de logs e eventos, podem ser integradas para coletar e centralizar esses dados, fornecendo uma visão abrangente das operações do sistema.

Na prática, o sistema precisa ser ajustado para gerar logs detalhados em cada camada relevante, desde o banco de dados até a aplicação. Esses registros devem incluir informações como identidade do usuário, timestamp, tipo de ação realizada e o recurso acessado. Para garantir a integridade e a segurança dos logs, eles devem ser armazenados em locais centralizados e protegidos contra alterações não autorizadas.

Além da coleta de logs, o monitoramento em tempo real deve ser configurado para detectar padrões de acesso anômalos, como tentativas repetidas de acesso, volumes de consultas acima do esperado ou acessos em horários incomuns. Isso pode ser implementado com alertas automáticos baseados em regras ou com soluções que utilizem aprendizado de máquina para identificar comportamentos fora do padrão.

O software também deve incluir uma camada de auditoria, onde administradores possam visualizar relatórios detalhados e históricos de acesso. Painéis customizáveis podem ser criados utilizando ferramentas como Kibana ou dashboards do Splunk, permitindo análises rápidas e acionáveis de incidentes de segurança.

Por fim, a integração com sistemas de notificação, como e-mails ou ferramentas de colaboração (Slack, Microsoft Teams), pode ajudar a alertar equipes de segurança em tempo real sobre atividades suspeitas. Com essas práticas, o monitoramento e a auditoria não apenas aumentam a visibilidade sobre o uso de dados sensíveis, mas também permitem uma resposta rápida a potenciais ameaças, fortalecendo a segurança e a conformidade do sistema.

Data Masking (Mascaramento de Dados): Durante o

desenvolvimento ou teste, dados sensíveis podem ser substituídos por valores fictícios que preservam o formato, mas não revelam informações reais. Já abordamos algumas dessas técnicas de pseudonimização anteriormente.

Para implementar o mascaramento de dados de forma eficaz, o software e os processos de desenvolvimento devem ser configurados para substituir dados sensíveis por valores fictícios, garantindo que os dados reais não sejam expostos em ambientes de teste ou desenvolvimento. O mascaramento pode ser aplicado diretamente nos bancos de dados ou nas camadas de aplicação, mantendo o formato e a estrutura dos dados originais para que os sistemas e as funcionalidades sejam testados sem comprometer a privacidade.

Na prática, ferramentas especializadas de mascaramento, ou scripts personalizados, podem ser utilizadas para gerar valores fictícios. Por exemplo, em uma coluna de números de cartão de crédito, os dados reais podem ser substituídos por números válidos, mas fictícios, preservando o formato esperado pela aplicação. Isso pode ser feito com bibliotecas de mascaramento disponíveis em várias linguagens de programação ou com soluções corporativas de mascaramento de dados.

O software deve incluir lógica para diferenciar ambientes de produção e teste, garantindo que os dados reais sejam acessíveis apenas em produção. Durante o processo de extração de dados para os ambientes de desenvolvimento ou QA, scripts de mascaramento devem ser automaticamente aplicados, substituindo dados pessoais antes que os dados sejam transferidos.

Para sistemas mais complexos, onde múltiplas aplicações interagem, pode ser necessário implementar proxies ou middleware que realizem o mascaramento em tempo real, interceptando e substituindo os dados sensíveis antes de entregá-los aos sistemas de teste. Além disso, técnicas como a tokenização temporária podem ser utilizadas para criar dados substitutos que se comportam de maneira semelhante aos dados reais, mas sem qualquer vínculo com informações confidenciais.

Com essas práticas, o mascaramento de dados permite que desenvolvedores e testadores trabalhem de forma segura em ambientes que refletem a realidade, mas sem o risco de expor dados sensíveis, preservando a integridade do sistema e a segurança das informações.

Segregar dados sensíveis usando essas técnicas não apenas melhora a segurança, mas também simplifica a conformidade regulatória e aumenta a confiança dos usuários. Uma abordagem baseada em múltiplas camadas de proteção cria um ambiente mais resiliente contra ataques e vazamentos, garantindo que mesmo em caso de comprometimento de uma parte do sistema, os dados mais críticos permaneçam protegidos.

Este modelo arquitetural, quando implementado corretamente, promove um equilíbrio entre funcionalidade e segurança, garantindo que os sistemas atendam às demandas de proteção de dados no cenário atual.

Pseudonimização, Anonimização e Minimização de dados.

A anonimização refere-se ao processo de transformar dados pessoais de forma irreversível, de maneira que não possam mais ser atribuídos a uma pessoa específica sem o uso de informações adicionais que estão separadas. Segundo as regulamentações mais modernas, dados anonimizados estão fora do escopo da legislação de proteção de dados, já que deixam de ser dados pessoais.

Ou seja, um dado anonimizado não é um dado pessoal.

Por outro lado, a pseudonimização implica substituir identificadores diretos por pseudônimos, mantendo um vínculo indireto entre os dados e o indivíduo por meio de chaves de criptografia ou outro mecanismo seguro. Diferente da anonimização, a pseudonimização ainda permite reidentificar os dados sob condições controladas, sendo assim, os dados permanecem no escopo da legislação de proteção de dados.

Ou seja, um dado pseudonimizado ainda é um dado pessoal.

Pense na anonimização como rasgar um papel com informações e espalhar os pedaços ao vento – impossível remontar. Já a pseudonimização é como colocar uma etiqueta falsa sobre um nome real: com a chave certa, ainda dá para descobrir quem é quem.

A minimização de dados é um princípio central da privacidade por design, exigindo que apenas os dados necessários para uma finalidade específica sejam coletados, armazenados e processados. Isso evita o acúmulo de informações irrelevantes e reduz o risco de violações de dados.

Para iniciar a implementação de qualquer técnica como essas, você precisa antes de mais nada delimitar claramente as finalidades do processamento, reavaliar a necessidade de armazenamento de dados antigos e quando necessário use técnicas de agregação ou anonimização para reduzir a granularidade dos dados.

ANONIMIZAÇÃO

Existem várias técnicas de anonimização e vários softwares que podem ser utilizados para aplicação dessas técnicas, como por exemplo:

Generalização: Redução do detalhamento dos dados (e.g., substituir uma data de nascimento por uma faixa etária).

A generalização é uma abordagem comum na anonimização de dados. Ela funciona ao reduzir o nível de detalhe das informações. Isso pode ser feito de várias formas, dependendo do tipo de dado:

- Datas: Transformar datas exatas em intervalos (como de 1990 para 1980-1990).
- Localização: Usar níveis geográficos mais amplos (de "Rua X" para "Cidade Y" ou "Estado Z").
- Valores numéricos: Agrupar valores em faixas, como converter salários exatos em categorias ($ 2.000 - $ 4.000).

Esse método é particularmente útil quando os dados precisam ser compartilhados com terceiros, como analistas de marketing ou pesquisadores, sem comprometer a privacidade dos indivíduos.

Imagine que uma loja virtual fictícia chamada TechStore realiza uma pesquisa para entender o perfil demográfico dos seus clientes e otimizar suas campanhas de marketing. Durante a coleta de dados, a equipe decide incluir a data de nascimento dos clientes, pois deseja analisar padrões de consumo por faixa etária.

Inicialmente, os dados coletados incluem informações como:

- Nome: João da Silva
- Data de Nascimento: 15/03/1990
- Cidade: São Paulo

Ao analisar os riscos, a equipe percebe que, combinando esses dados, seria possível reidentificar indivíduos, especialmente em cidades pequenas ou regiões específicas. Para mitigar o risco e preservar a privacidade, eles decidem usar a técnica de generalização.

A equipe aplica a técnica da seguinte forma:

1. Generalização da data de nascimento: Em vez de armazenar a data exata (15/03/1990), eles convertem para uma faixa etária: 30-40 anos.
2. Generalização da localização: Eles fazem a troca de "São Paulo" por "Região Sudeste".

Após a generalização, os dados de João Silva passam a ser representados assim:

- Faixa etária: 30-40 anos
- Região: Sul do Brasil

Assim, a equipe da TechStore conseguiu proteger os dados pessoais de seus clientes enquanto ainda extraiu insights valiosos para suas campanhas. Isso demonstra que, com técnicas como a generalização, é possível equilibrar análise de dados e privacidade.

Perturbação: Introdução de ruído estatístico para mascarar dados sensíveis.

A perturbação é uma técnica que altera os dados adicionando ruído aleatório. Isso é feito para preservar a privacidade sem perder a utilidade estatística. Alguns métodos comuns incluem:

- Adição de Ruído Numérico: Somar ou subtrair valores aleatórios, como no exemplo abaixo.
- Troca de Dados: Substituir dados reais por valores

semelhantes, como arredondar idades para múltiplos de cinco.
- Perturbação por Modelagem: Aplicar distribuições estatísticas, como gerar dados sintéticos com características similares ao conjunto original.

Por exemplo, imagine uma startup chamada HealthPlus, que desenvolve aplicativos de saúde, coleta dados dos usuários para entender padrões de alimentação e exercícios físicos. Um dos dados coletados é o peso dos usuários, utilizado para criar estatísticas de tendências de saúde em diferentes regiões.

No entanto, a equipe de privacidade percebe que compartilhar esses dados diretamente, mesmo anonimizados, pode representar um risco de reidentificação. Eles decidem aplicar a técnica de perturbação para proteger as informações pessoais.

Um usuário chamado João, insere no aplicativo o seu peso: 72 kg. A técnica de perturbação adiciona um pequeno "ruído" ao dado original. Por exemplo:
- Um número aleatório entre -2 e +2 é somado ao peso.
- No caso de João, o número aleatório gerado é +1, então o peso armazenado passa a ser 73 kg.

A mesma técnica é aplicada a todos os usuários da base, resultando em uma leve variação nos valores registrados. Assim:
- Maria: De 58 kg para 59 kg
- Pedro: De 85 kg para 83 kg

A técnica de perturbação tem alguma semelhança com o conceito de "Privacidade diferencial" que veremos mais adiante.

Mesmo com os pesos perturbados, a média e a tendência geral dos dados permanecem praticamente as mesmas. Por exemplo:
- Média original: 72 kg
- Média com perturbação: 72,2 kg

Com a técnica de perturbação, a HealthPlus conseguiu proteger os dados dos usuários ao mesmo tempo que manteve a capacidade de realizar análises úteis para suas campanhas de saúde pública.

Supressão: Remoção de atributos específicos. Ferramentas como ARX são especializadas e podem ser usadas para implementar essas técnicas.

A supressão é uma técnica de anonimização que consiste em remover completamente determinados atributos ou informações do conjunto de dados. Os tipos de supressão incluem:

- Remoção de Identificadores Diretos: Exclui nomes, números de identificação ou endereços exatos.
- Supressão Parcial: Remove partes de informações, como mostrar apenas os primeiros três dígitos de um código postal.
- Agrupamento de Dados: Substituição de valores específicos por categorias mais amplas, como converter "São Paulo" para "Região Sudeste".

A empresa EducaData oferece plataformas de ensino online e realiza uma pesquisa para entender o impacto de seus cursos em diferentes faixas etárias e regiões. Os dados coletados incluem nome, idade, cidade e desempenho em avaliações. Contudo, a equipe de privacidade detectou que, em cidades pequenas, pode ser possível identificar alunos com base na combinação de informações como cidade e idade. Para evitar riscos, eles optam por aplicar a técnica de supressão.

Um usuário chamado novamente de João insere suas informações no aplicativo:

- Nome: João Silva
- Idade: 17 anos
- Cidade: Vila Pequena (população: 1.500 habitantes)
- Nota final: 95

A equipe decide remover (suprimir) alguns dados que aumentam o risco de identificação, como o nome e a cidade, e

agrupa a idade em uma faixa etária mais ampla:
- Nome: Removido
- Idade: 15-20 anos
- Cidade: Região Sudeste
- Nota final: 95

Após aplicar a técnica, os dados de João e outros alunos aparecem assim:
- Faixa etária: 15-20 anos
- Região: Sudeste
- Nota final: 95

Todas as informações que poderiam ser usadas para identificar diretamente um indivíduo (como nome ou localização exata) foram suprimidas.

Com a técnica de supressão, a EducaData conseguiu proteger os dados de seus alunos ao remover informações que poderiam levar à identificação. Ao mesmo tempo, a empresa manteve a capacidade de realizar análises relevantes para melhorar a qualidade de seus cursos. Essa abordagem destaca como a supressão é uma solução eficaz para equilibrar privacidade e insights de dados.

Cada técnica possui benefícios específicos que as tornam mais adequadas para diferentes cenários. Generalização é ótima para dados categóricos amplos, perturbação equilibra bem privacidade e precisão estatística em dados numéricos, e supressão é a escolha mais segura quando a privacidade absoluta é necessária. A escolha da técnica depende das prioridades de privacidade e da necessidade de preservar a utilidade dos dados.

A título de comparação dos benefícios, apresento um quadro comparativo com os benefícios das três técnicas mais comuns de anonimização.

Critério	Generalização	Perturbação	Supressão
Redução do Risco de Reidentificação	Limita detalhes ao agrupar dados (e.g.,	Introduz ruído nos dados, tornando informações	Remove completamente informações identificáveis,

	idades em faixas), dificultando a identificação direta.	individuais menos precisas sem comprometer análises.	eliminando qualquer ligação direta com indivíduos.
Preservação da Utilidade Estatística	Mantém tendências gerais ao reduzir a granularidade, sendo útil para análises de padrões.	Preserva estatísticas agregadas e tendências ao alterar levemente valores individuais.	Útil para análises de alto nível, mas pode perder detalhes importantes dependendo da supressão.
Aplicabilidade	Ideal para cenários em que os dados precisam ser agrupados (e.g., idade, localização).	Recomendado para conjuntos de dados quantitativos ou numéricos que necessitam de proteção moderada.	Adequado para contextos em que a privacidade tem prioridade absoluta sobre os detalhes do dado.
Complexidade de Implementação	Relativamente simples; requer definir categorias ou intervalos apropriados.	Moderada; exige cálculos de ruído apropriados e controle sobre o impacto nos dados.	Simples, mas pode exigir ajustes para equilibrar privacidade e usabilidade.
Impacto na Privacidade	Protege parcialmente, mas informações gerais ainda podem ser usadas para reidentificação com outros dados combinados.	Alta proteção, dificultando a reidentificação, mas possível se ruído for insuficiente ou previsível.	Altíssima proteção ao remover completamente dados sensíveis.
Adequação a Grandes Bases de Dados	Altamente adequada para grandes bases, especialmente para dados categóricos.	Boa adequação, especialmente para dados quantitativos extensos.	Efetiva, mas pode reduzir a utilidade em bases altamente detalhadas e diversificadas.

PSEUDONIMIZAÇÃO

Embora as formas de dificultar a reversão e a identificação do indivíduo, nenhuma técnica de pseudonimização pode garantir 100%, mas é possível dificultar bastante para um usuário com má intenção.

Aqui irei trazer 3 técnicas mais comuns, mas você pode aplicar uma variação delas ou mesmo diversas técnicas ao mesmo tempo dependendo do tipo de dado.

Hashing: Transformar identificadores em hashes criptográficos.

O hashing é uma técnica que transforma dados em uma sequência fixa de caracteres (o hash) por meio de funções matemáticas. As características principais incluem:

- Determinístico: O mesmo dado de entrada sempre gera o mesmo hash.
- Irreversível: Não é possível deduzir o dado original a partir do hash.
- Sensível a Alterações: Pequenas mudanças no dado resultam em hashes completamente diferentes.

Alguns algoritmos comuns de hashing incluem:

- SHA-256: Amplamente usado por sua segurança e velocidade.
- Bcrypt: Ideal para senhas, pois inclui um "salt" para tornar ataques mais difíceis.

A fintech BankEasy desenvolve uma solução para armazenar de forma segura os números de documento de identificação de seus clientes, utilizados para autenticação de transações financeiras.

Dado o risco de vazamento de dados críticos, a equipe de engenharia de segurança decide aplicar a técnica de hashing para proteger os números dos documentos.

João Silva é um cliente de BankEasy, e seu número de identificação é 123.456.789-00.

A equipe aplica um algoritmo de hashing, como SHA-256, para transformar o número em uma sequência única e irreversível:

- Número original: 123.456.789-00
- Hash gerado: 29c3eea3f305d6b823f562ac4be35217a4af817e2a1c2ab06e1f4b7c0b8e723c

O sistema armazena apenas o hash do número de João, nunca o número real. Se um invasor acessar o banco de dados, verá apenas algo como:

- 29c3eea3f305d6b823f562ac4be35217a4af817e2a1c2ab06e1f4b7c0b8e723c

Quando João tenta realizar uma transação, o número fornecido é novamente transformado em hash. O sistema compara o novo hash com o armazenado:

- Número fornecido: 123.456.789-00
- Hash gerado: 29c3eea3f305d6b823f562ac4be35217a4af817e2a1c2ab06e1f4b7c0b8e723c
- Como os hashes coincidem, a identidade de João é confirmada.

Com o uso do hashing, a BankEasy conseguiu proteger os números de identificação de seus clientes, reduzindo drasticamente os riscos de exposição em caso de ataques cibernéticos. A técnica mostrou-se eficaz para balancear privacidade e funcionalidade, criando um sistema seguro sem comprometer a experiência do cliente.

Tokenização: Substituir dados sensíveis por tokens não reversíveis sem acesso a um sistema de mapeamento seguro.

A tokenização é uma técnica que substitui dados sensíveis por identificadores únicos (tokens) que não têm significado fora de um sistema específico. As características principais incluem:

- Reversível sob controle: Tokens podem ser revertidos para os dados originais apenas por meio de um sistema seguro que armazena o mapeamento.
- Sem significado intrínseco: Os tokens não contêm informações deriváveis dos dados originais.
- Segurança por isolamento: Os dados sensíveis são armazenados separadamente dos tokens, protegidos por camadas adicionais de segurança.

Algumas ferramentas e frameworks comuns para tokenização incluem:

- Vault (HashiCorp): Oferece tokenização com alta segurança e gerenciamento de chaves.
- AWS CloudHSM: Permite tokenização combinada com módulos de hardware seguros.

A fintech BankEasy precisa proteger os números de cartão de crédito de seus clientes, usados em transações financeiras. Para isso, decide implementar a técnica de tokenização.

João Silva é um cliente de BankEasy, e seu número de cartão é 1234-5678-9876-5432.

Ao armazenar o número do cartão no sistema, ele é substituído por um token gerado aleatoriamente:

- Número do cartão original: 1234-5678-9876-5432
- Token gerado: tok_abc123xyz456

O número real do cartão é armazenado em um cofre de dados seguro e isolado, acessível apenas por sistemas autorizados. O banco de dados principal armazena apenas o token:

Quando João realiza uma compra, o token (tok_abc123xyz456) é enviado ao sistema de pagamento. Esse sistema recupera o número real do cartão de forma segura para concluir a transação.

Em caso de vazamento de dados, os invasores teriam acesso apenas aos tokens, que são inúteis fora do sistema de BankEasy.

Com o uso da tokenização, a BankEasy protegeu os números de cartão de seus clientes contra vazamentos e acessos não autorizados. A técnica demonstrou ser uma solução eficiente e segura, permitindo a realização de transações financeiras de forma confiável e conforme regulamentos de privacidade.

Criptografia: Encriptar dados com chaves robustas. Frameworks como Vault da HashiCorp e JWT podem facilitar a pseudonimização em sistemas modernos.

A criptografia é uma técnica que transforma dados legíveis em um formato codificado que só pode ser decodificado por quem possui a chave correta. As características principais incluem:

- Reversível: Permite recuperar os dados originais utilizando a chave de decodificação correta.
- Baseada em chaves: Os dados criptografados só podem ser acessados por entidades autorizadas que possuem as chaves.
- Alta segurança: Torna os dados ilegíveis para terceiros, mesmo que sejam interceptados.

Alguns algoritmos comuns de criptografia incluem:

- AES (Advanced Encryption Standard): Amplamente usado por sua segurança e eficiência.
- RSA: Ideal para criptografia de dados que precisam ser compartilhados entre diferentes sistemas.
- Elliptic Curve Cryptography (ECC): Oferece segurança equivalente a RSA com chaves menores, ideal para sistemas com restrição de recursos.

A empresa de e-commerce ShopSecure precisa proteger os dados de cartão de crédito de seus clientes para evitar uso indevido em caso de ataques ou vazamentos.

Maria Santos realiza uma compra em ShopSecure e insere os seguintes dados:

- Número do cartão de crédito: 4111-1111-1111-1111
- Nome no cartão: Maria Santos

Antes de armazenar os dados no banco, a equipe de segurança utiliza o algoritmo AES-256 para criptografá-los:

- Número do cartão original: 4111-1111-1111-1111
- Dados criptografados: 5f2c7d9aef9875b123ab...

Os dados criptografados são armazenados no banco de dados da ShopSecure. A chave de criptografia é armazenada separadamente em um módulo de segurança (HSM - Hardware Security Module), garantindo que apenas sistemas autorizados possam acessá-la.

> Um HSM (Hardware Security Module) é um dispositivo físico projetado para proteger e gerenciar chaves criptográficas e realizar operações criptográficas críticas, como encriptação, decriptação, assinatura digital e geração de chaves. Ele opera em um ambiente isolado e altamente seguro, prevenindo acessos não autorizados ou manipulações, mesmo em caso de tentativas de invasão. Amplamente utilizado em aplicações que exigem alto nível de segurança, como bancos, provedores de pagamentos e sistemas governamentais, o HSM garante que as chaves criptográficas não sejam expostas fora do hardware, mantendo a integridade e a confidencialidade dos dados protegidos.

Quando Maria realiza outra compra, o sistema utiliza a chave armazenada no HSM para descriptografar os dados de forma segura e transmitir as informações ao gateway de pagamento.

Caso o banco de dados seja comprometido, os atacantes terão

acesso apenas aos dados criptografados, que são inúteis sem a chave correspondente.

Com o uso da criptografia, a ShopSecure garantiu que os dados de seus clientes permanecem protegidos contra acessos não autorizados, ao mesmo tempo que manteve a funcionalidade para pagamentos e gestão. A técnica demonstrou ser uma boa solução para balancear segurança, privacidade e usabilidade no comércio eletrônico.

Cada técnica de pseudonimização tem benefícios únicos que a tornam mais adequada a diferentes cenários. Hashing é simples e ideal para validações, mas não permite recuperação dos dados originais. Tokenização equilibra segurança e funcionalidade em sistemas que requerem processamento interno seguro. Criptografia oferece a proteção mais robusta em situações que exigem confidencialidade e a capacidade de recuperar dados. A escolha depende do equilíbrio necessário entre privacidade, funcionalidade e complexidade.

Veja uma tabela comparativa dos benefícios das três técnicas:

Critério	Hashing	Tokenização	Criptografia
Redução do Risco de Reidentificação	Substitui identificadores por hashes irreversíveis, tornando os dados inacessíveis sem acesso ao original.	Substitui dados sensíveis por tokens sem valor fora do sistema, protegendo contra reidentificação.	Codifica os dados de forma que só possam ser lidos com a chave correspondente, protegendo contra vazamentos.
Preservação da Funcionalidade	Boa para verificações (e.g., comparar valores hash), mas não permite recuperar o dado original.	Preserva a funcionalidade permitindo operações internas sem expor os dados reais.	Permite recuperação total dos dados originais, útil para casos em que é necessário restaurar dados dos clientes.
Aplicabilidade	Ideal para cenários de validação ou autenticação onde a recuperação dos dados não é necessária.	Adequado para sistemas que requerem troca de dados seguros entre componentes ou sistemas.	Utilizado em contextos que exigem confidencialidade total com possibilidade de decodificação segura.
Complexidade de Implementação	Simples; exige apenas a aplicação de um algoritmo de hash (e.g., SHA-256).	Moderada; requer implementação de um sistema de mapeamento seguro e gerenciamento de tokens.	Alta; exige gerenciamento rigoroso de chaves e algoritmos avançados, como AES ou RSA.
Impacto na Privacidade	Alta proteção, pois o dado original não pode ser recuperado, mas	Proteção elevada; dados sensíveis são isolados e tokens são inúteis fora do	Proteção robusta contra acessos não autorizados, desde que as chaves estejam

	vulnerável a ataques por força bruta.	sistema.	seguras.
Adequação a Grandes Bases de Dados	Altamente adequado para grandes volumes de dados, com processamento rápido.	Boa para bases moderadas; pode exigir maior capacidade para gerenciamento de tokens.	Funciona bem, mas pode impactar o desempenho em bases muito grandes devido ao processamento de criptografia.

Para desenvolvedores, manter dados pseudonimizados e as chaves de reidentificação em ambientes separados pode ajudar na estratégia de segregação de dados. Você também pode implementar logs detalhados para rastrear interações com dados pessoais e usar ferramentas de análise estática para verificar se a coleta de dados está alinhada com os princípios de minimização.

PRIVACIDADE DIFERENCIAL

A privacidade diferencial é uma técnica que adiciona ruído estatístico controlado aos dados ou resultados de consultas, garantindo que informações individuais não possam ser inferidas a partir do conjunto de dados. A abordagem é projetada para oferecer um equilíbrio entre privacidade e utilidade, permitindo análises estatísticas robustas sem expor dados individuais. Suas principais características incluem:

- Os resultados de uma análise são quase idênticos, independentemente da informação de um indivíduo estar ou não presente no conjunto de dados.
- A técnica é baseada em parâmetros que controlam a quantidade de ruído, conhecidos como "epsilon", permitindo ajustar o equilíbrio entre privacidade e precisão.
- É amplamente utilizada em sistemas que realizam análises agregadas, como dados de censos ou relatórios de saúde.

Ferramentas como o diferencial de privacidade do TensorFlow Privacy[38] ou o mecanismo DP da Microsoft são exemplos de implementações práticas da técnica.

A privacidade diferencial pode ser ilustrada de forma simples usando o exemplo de uma moeda sendo jogada, representando a introdução de ruído aleatório nos dados para proteger informações individuais. Vamos imaginar o seguinte cenário:

Você é parte de uma pesquisa anônima em que a pergunta é:

"Você já consumiu bebida alcoólica?". Naturalmente, responder a essa pergunta diretamente pode levantar preocupações de privacidade, especialmente em grupos pequenos.

Passo 1: Jogue uma moeda
Antes de responder à pergunta, jogue uma moeda de forma honesta e observe o resultado.

- Se sair "cara", responda "Sim", independentemente da verdade.
- Se sair "coroa", siga para o segundo passo.

Passo 2: Jogue a moeda novamente
Agora, jogue a moeda pela segunda vez:

- Se sair "cara", responda "Sim".
- Se sair "coroa", responda "Não".

O que acontece aqui é que o ruído aleatório introduzido pela jogada da moeda protege a privacidade da sua resposta real. Mesmo que alguém veja sua resposta final, eles não podem ter certeza se a resposta é verdadeira, porque há uma aleatoriedade embutida no processo.

- Se você responder "Sim", ninguém sabe se isso é porque você realmente consumiu bebida alcoólica ou porque o resultado da moeda determinou essa resposta.
- De maneira semelhante, uma resposta "Não" também não revela nada concreto.

Quando os dados de todos os participantes são coletados, os pesquisadores sabem que cerca de metade das respostas "Sim" e "Não" vêm do ruído aleatório introduzido pela moeda. Eles podem ajustar os resultados estatisticamente para estimar quantas pessoas realmente consumiram bebida alcoólica, sem precisar expor diretamente os dados individuais.

Esse exemplo simplificado demonstra o princípio central da privacidade diferencial: proteger respostas individuais introduzindo aleatoriedade controlada, enquanto se mantém a utilidade do conjunto de dados como um todo. No caso de grandes conjuntos de dados, algoritmos mais sofisticados geram ruído matemático semelhante ao "cara ou coroa", garantindo que a informação agregada seja útil, mas que os dados individuais permaneçam protegidos.

Engenheiros de software podem aplicar privacidade diferencial incorporando ruído matemático controlado aos dados ou aos resultados das análises realizadas por seus sistemas. Isso exige, primeiramente, uma compreensão clara dos dados que precisam ser protegidos e o nível de privacidade desejado, medido pelo parâmetro epsilon. Este parâmetro determina a quantidade de ruído que será introduzida, equilibrando a proteção individual com a precisão dos resultados. Por exemplo, ao lidar com informações agregadas como médias ou contagens de usuários, os engenheiros podem adicionar variações controladas para tornar impossível a identificação de informações específicas.

A implementação prática pode ser feita com o uso de bibliotecas especializadas, como a Google Differential Privacy Library[39], TensorFlow Privacy[40] e SmartNoise. Essas ferramentas permitem adicionar ruído de maneira sistemática e segura, seja no nível dos dados brutos ou diretamente nos resultados das consultas. Durante o desenvolvimento de modelos de aprendizado de máquina, por exemplo, o ruído pode ser adicionado aos gradientes de treinamento, protegendo os dados individuais sem comprometer significativamente a precisão do modelo. Da mesma forma, em sistemas que produzem estatísticas públicas, como pesquisas ou relatórios, o ruído diferencial pode ser incorporado diretamente às métricas calculadas.

Quer aplicar a privacidade diferencial? Use o TensorFlow Privacy assim: ajuste o noise_multiplier para 1.5 em um modelo simples de classificação. Teste com um dataset pequeno e veja como a acurácia muda com mais ou menos ruído. É um jeito prático de começar.

O parâmetro epsilon (ε) controla o nível de privacidade: valores menores (ex.: ε = 0.1) oferecem mais proteção, mas podem reduzir a precisão. Veja um exemplo simplificado em python:

```
from tensorflow_privacy import DPQuery

query = DPQuery.GaussianSumQuery(l2_norm_clip=1.0, noise_multiplier=1.5)

# Adiciona ruído gaussiano aos dados
```

Você ainda pode testar diferentes valores de *noise_multiplier* em seus dados para balancear privacidade sem perder a utilidade dos dados.

Esse processo deve ser integrado ao ciclo de vida do software desde o design inicial até a implantação e a manutenção. Não se esqueça de ajustar os níveis de ruído e realizar testes rigorosos para garantir que os dados permaneçam úteis para análises agregadas, sem expor indivíduos. Engenheiros também precisam monitorar continuamente a eficácia do mecanismo de privacidade diferencial implementado, ajustando parâmetros conforme necessário para atender aos requisitos de privacidade e utilidade em diferentes contextos.

TÉCNICAS AVANÇADAS DE PRESERVAÇÃO DA PRIVACIDADE

Nesta parte, exploraremos técnicas avançadas utilizadas para proteger a privacidade em conjuntos de dados. Estas abordagens se concentram em garantir que os dados sejam suficientemente generalizados ou alterados para evitar a identificação individual, enquanto preservam o valor analítico. A aplicação dessas técnicas faz sentido em cenários onde dados pessoais precisam ser compartilhados ou analisados em conformidade com requisitos de privacidade.

Esse tópico é uma disciplina ampla e que mereceria uma obra apenas sobre esse assunto, ao passo que vou me ater a explicar alguns dos principais pontos de maneira mais objetiva.

A evolução das técnicas de anonimização de dados trouxe à tona conceitos avançados como *k-anonymity*, *l-diversity* e *t-closeness*, que são importantes para a proteção da privacidade em cenários onde grandes volumes de dados sensíveis são analisados. Esses conceitos surgiram como resposta aos crescentes desafios de anonimizar informações em bases de dados, especialmente em situações em que padrões simples de anonimização, como a remoção de identificadores diretos, se mostraram insuficientes para impedir a reidentificação de indivíduos. O objetivo é proteger a privacidade das pessoas e seus dados pessoais ao mesmo tempo que se mantém a utilidade das informações para análises.

Esses métodos são amplamente utilizados por organizações que lidam com dados pessoais, como hospitais, instituições financeiras e agências governamentais. Para esses setores, onde o tratamento de dados sensíveis é inevitável, garantir a anonimidade dos indivíduos é um requisito tanto técnico quanto ético, além de ser frequentemente uma obrigação legal. Por exemplo, em cenários de compartilhamento de dados para pesquisa científica ou elaboração de políticas públicas, você pode assegurar que informações pessoais não possam ser reidentificadas. Assim, profissionais como engenheiros de dados, cientistas de dados e especialistas em privacidade estão diretamente envolvidos no planejamento e na aplicação dessas técnicas.

O conceito de *k-anonymity* estabelece que cada registro em um conjunto de dados deve ser indistinguível de pelo menos $k-1$k-1 outros registros com relação a um conjunto de atributos quasi-identificadores, como idade ou gênero. Esse modelo foi inicialmente projetado para prevenir reidentificações simples, mas, sozinho, não resolve problemas de falta de diversidade dentro dos grupos de equivalência, como ataques baseados em valores homogêneos de dados sensíveis. Para mitigar essas limitações, foram introduzidas extensões como *l-diversity*.

O *l-diversity* avança além do *k-anonymity* ao exigir que os valores sensíveis dentro de cada grupo de equivalência sejam suficientemente diversos. Isso significa que, mesmo que um atacante consiga identificar o grupo de equivalência de um indivíduo, ele não será capaz de determinar dados ou informações relacionadas à pessoa com um alto grau de confiança. Contudo, essa abordagem também enfrenta críticas, especialmente em situações onde a relação semântica entre os valores sensíveis pode ser explorada, levando ao desenvolvimento do conceito de *t-closeness*.

Por fim, o *t-closeness* adiciona mais rigor à proteção de privacidade ao requerer que a distribuição dos valores sensíveis dentro de cada grupo de equivalência esteja "próxima" da distribuição global, de acordo com uma métrica definida. Esse modelo é particularmente relevante em cenários onde a análise estatística dos dados pode expor padrões que comprometam a privacidade. Esses três conceitos formam uma base robusta para a proteção de dados em um contexto técnico, sendo uma preocupação central para organizações que desejam equilibrar a privacidade individual com a necessidade de extrair valor de grandes conjuntos de dados.

Explicar esses conceitos com matemática não é o objetivo, então vamos usar exemplos do mundo real?

k-anonymity:

> Imagine que você está em uma festa à fantasia com centenas de pessoas, todas usando máscaras e trajes idênticos aos de pirata. Nesse ambiente, é impossível para alguém apontar exatamente quem você é, porque, mesmo que saibam que você está lá, há várias outras pessoas vestidas da mesma forma. Esse é o princípio do *k-anonymity*: garantir que você seja parte de um grupo de kk pessoas indistinguíveis entre si, dificultando que alguém o identifique com base em informações disponíveis.
>
> Agora, pense em um repórter investigativo que quer saber quem esteve na festa. Ele descobre que todos os participantes deixaram um registro com três informações: idade, cidade e profissão. Sem o *k-anonymity*, seria fácil cruzar essas informações e identificar você. Mas, se os dados fossem organizados para garantir que pelo menos k-1 pessoas compartilhassem exatamente essas mesmas características, o repórter teria dificuldade de dizer quem é quem, protegendo sua identidade. É como se o baile de máscaras se repetisse no mundo dos dados, onde a sua privacidade é protegida por um

> "disfarce" compartilhado com outros.

l-diversity:

> Imagine um cofre onde estão guardados segredos importantes de várias pessoas, e cada pessoa é representada por um código que agrupa segredos parecidos, como "gosta de esportes" ou "tem um carro azul". Agora, digamos que alguém descubra o código do seu grupo, mas dentro dele todos compartilham exatamente o mesmo segredo, como "tem um carro azul". Nesse caso, basta saber o grupo para deduzir o segredo de todos. Esse é o problema que o k-anonymity sozinho não resolve, e é aqui que entra o l-diversity.
>
> Com l-diversity, o cofre é reorganizado para garantir que cada grupo contenha pelo menos "ll" segredos diferentes. Então, mesmo que alguém descubra o seu grupo, ele ainda não consegue saber qual é o seu segredo específico, porque há várias possibilidades. Por exemplo, no seu grupo pode haver pessoas com segredos como "gosta de esportes", "coleciona selos" ou "adora cachorros". Assim, mesmo que saibam o grupo, a identidade exata de cada segredo permanece protegida. É como garantir que os segredos sejam misturados e diversificados o suficiente para confundir qualquer curioso

t-closeness:

> Imagine que você está em uma sala cheia de pessoas discutindo seus gostos musicais, e os grupos são organizados de acordo com estilos semelhantes: rock, pop ou jazz. Se cada grupo fosse muito pequeno ou com pouca diversidade, alguém que ouvisse a conversa poderia adivinhar facilmente os gostos individuais só de saber a qual grupo você pertence. Mesmo que houvesse alguma diversidade, se a conversa de um grupo fosse muito diferente da média da sala inteira, chamaria atenção e poderia revelar algo sobre você. É aqui que entra o conceito de

> *t-closeness.*
>
> Com *t-closeness*, as conversas nos grupos são cuidadosamente organizadas para que a distribuição dos estilos musicais dentro de cada grupo seja parecida com a da sala inteira. Por exemplo, se na sala toda 30% das pessoas gostam de rock, 40% de pop e 30% de jazz, cada grupo teria uma mistura proporcional de gostos. Isso garante que, mesmo sabendo o grupo de alguém, não dá para inferir muito sobre seus gostos porque ele se parece com a diversidade geral da sala. É como garantir que as conversas não sejam tão diferentes que alguém consiga identificar você apenas ouvindo de longe.

Essas técnicas (*k-anonymity*, *l-diversity* e *t-closeness*) funcionam como camadas de proteção invisíveis que tornam os dados individuais mais difíceis de serem identificados ou explorados, mantendo a privacidade mesmo quando grandes volumes de dados são analisados. No fundo, elas criam um equilíbrio entre utilidade e proteção, permitindo que informações valiosas sejam usadas para pesquisas, políticas públicas ou desenvolvimento de produtos, sem comprometer a identidade de ninguém.

Na década de 1990, o Grupo de Seguros de Saúde de Massachusetts (GIC) decidiu liberar dados de registros hospitalares para pesquisas. Esses dados eram considerados anônimos porque informações pessoais diretas, como nomes e endereços, haviam sido removidas. A ideia era que, sem esses detalhes, seria impossível identificar os indivíduos por trás dos registros. No entanto, essa suposição logo se mostrou equivocada.

Uma pesquisadora chamada Latanya Sweeney, que na época era estudante de pós-graduação no Instituto de Tecnologia de Massachusetts (MIT), decidiu investigar se era possível reidentificar as pessoas nesses dados supostamente anônimos. Ela sabia que, mesmo sem nomes e endereços, outras informações, como data de nascimento e gênero, poderiam ser usadas para cruzar os dados com outras fontes públicas. Foi exatamente isso que ela fez.

Sweeney conseguiu acesso a um banco de dados público de eleitores da cidade de Cambridge, que continha informações como nome, endereço, data de nascimento e sexo. Usando essas informações, ela cruzou os dados com os registros hospitalares anônimos. Para sua surpresa, conseguiu identificar várias pessoas, incluindo o próprio governador de Massachusetts na época, William Weld.

O caso do governador Weld se tornou emblemático. Sweeney descobriu que, com apenas três informações básicas: Código Zip, data de nascimento e sexo, era possível identificar uma pessoa específica em um conjunto de dados anônimos. No caso de Weld, ela conseguiu até mesmo enviar a ele uma cópia de seu próprio registro hospitalar, mostrando como a privacidade dele havia sido comprometida.

Esse caso foi um alerta para a comunidade de privacidade e proteção de dados. Ele mostrou que a anonimização simples, que remove apenas nomes e endereços, não é suficiente para proteger a identidade das pessoas. Quando combinados com outros conjuntos de dados, mesmo informações aparentemente inofensivas podem ser usadas para reidentificar indivíduos.

O trabalho de Sweeney teve um impacto significativo na forma como a proteção de dados é tratada. Ele levou ao desenvolvimento de técnicas mais avançadas de proteção de dados, como a k-anonimity, que garantem que cada registro em um conjunto de dados não possa ser distinguido de um certo número de outros registros. Além disso, o caso ajudou a moldar regulamentações modernas, como o GDPR na Europa, que exigem medidas mais rigorosas para proteger a privacidade.

Hoje, o caso do governador Weld é frequentemente citado como um exemplo clássico dos riscos da reidentificação de dados. Ele serve como um lembrete de que, em um mundo cada vez mais conectado e cheio de dados, a privacidade é um desafio complexo que exige soluções robustas e contínua atenção.

Outro exemplo do mundo real é a anonimização de dados em sistemas de saúde. Imagine que os hospitais compartilhem registros médicos para analisar padrões de doenças e melhorar os tratamentos. Se esses dados forem divulgados sem proteção, uma pessoa poderia ser identificada com base em características como idade, cidade e condição de saúde. É aí que entram esses conceitos: *k-anonymity* garante que cada paciente seja "misturado" com pelo menos k-1 outros com características semelhantes; *l-diversity* assegura que os diagnósticos ou tratamentos dentro de cada grupo sejam diversos o suficiente para evitar deduções diretas; e *t-closeness* faz com que os dados de cada grupo reflitam as tendências gerais, sem expor diferenças sensíveis que poderiam levar à reidentificação. Sem que percebamos, essas técnicas tornam possível que políticas de saúde sejam criadas ou que estudos científicos avancem sem sacrificar nossa privacidade.

Veja que interessante é o caso conhecido como "How To Break Anonymity of the Netflix Prize Dataset"[41] Foi uma demonstração de como é possível reidentificar indivíduos mesmo em datasets considerados "anonimizados". O estudo mostrou que, ao combinar o dataset do Netflix Prize, que incluía informações de avaliações de filmes fornecidas de forma supostamente anônima, com dados publicamente disponíveis no IMDb, era possível reidentificar usuários específicos.

Os pesquisadores revelaram que cerca de 80% dos usuários que avaliavam apenas 6 filmes no dataset da Netflix poderiam ser reidentificados se as informações das avaliações incluíssem datas aproximadas e fossem comparadas com outro conjunto público, como o IMDb. Essa metodologia, conhecida como *linkage attack*, explora as sobreposições entre datasets diferentes, associando registros que compartilham características semelhantes, como datas de avaliações ou preferências específicas de filmes.

Este caso evidenciou vulnerabilidades na prática de anonimização de dados, destacando que métodos tradicionais, como a simples remoção de identificadores diretos (nome, e-mail, etc.), não são suficientes para proteger a privacidade. As implicações deste estudo foram profundas, provocando debates sobre a eficácia da anonimização e incentivando o uso de técnicas mais robustas, como a privacidade diferencial.

O artigo "SoK: Managing Risks of Linkage Attacks on Data Privacy"[42] descreve estratégias para mitigar os riscos de ataques de linkage, que ocorrem quando dados anônimos são reidentificados por meio da correlação com outros conjuntos de dados disponíveis publicamente, como foi o caso do exemplo da Netflix. Esses ataques são uma ameaça significativa à privacidade, mesmo quando os dados parecem estar anonimizados. Para lidar com isso, o artigo destaca várias práticas e abordagens técnicas que podem ser adotadas para reduzir a vulnerabilidade.

Os autores sugerem a aplicação de técnicas avançadas de anonimização, como a k-anonymity, l-diversity e t-closeness e enfatizam a importância de integrar técnicas de privacidade diferencial, que introduzem ruído controlado nos dados para limitar a precisão de possíveis inferências sem comprometer sua utilidade geral.

Outra abordagem sugerida é a limitação da coleta e compartilhamento de dados pessoais com base nos princípios de minimização de dados. Isso inclui restringir a coleta ao mínimo necessário para alcançar os objetivos declarados, armazenar dados de forma distribuída para reduzir a probabilidade de correlações diretas e monitorar regularmente os riscos de reidentificação com o uso de auditorias contínuas e ferramentas automatizadas para detectar possíveis vulnerabilidades em dados anonimizados e reforçar a segurança em ambientes dinâmicos de uso de dados.

TÉCNICAS DE MINIMIZAÇÃO DE DADOS

A minimização de dados é um princípio fundamental na proteção de dados e privacidade. Ela se baseia na coleta, uso e armazenamento apenas do mínimo necessário de informações pessoais para atingir os objetivos específicos de um processamento. Este capítulo abordará as principais técnicas, benefícios e desafios da implementação desse conceito no ciclo de vida de desenvolvimento de software.

> Em uma cidade movimentada, onde as pessoas estavam cada vez mais preocupadas com a proteção de seus dados pessoais, uma pequena startup chamada DataGlow começava a se destacar. Fundada por Clara, uma engenheira de software apaixonada por privacidade, a empresa tinha como missão criar soluções tecnológicas que equilibrassem funcionalidade e proteção de dados.
>
> Clara recebeu um contrato para desenvolver um aplicativo de agendamento de consultas médicas. Os requisitos do cliente pareciam simples: permitir que os pacientes reservassem horários, escolhessem especialistas e recebessem lembretes. No entanto, ao revisar o briefing, Clara percebeu que o cliente havia solicitado a coleta de dados pessoais, como Documento de identificação, endereço completo e histórico médico detalhado, mesmo para funcionalidades básicas.

Aquilo acendeu um alerta!.

Durante uma reunião inicial com o cliente, Clara propôs uma abordagem diferente. "Por que precisamos de todas essas informações logo no cadastro inicial?" ela perguntou. O cliente, um pouco surpreso, explicou que achava que esses dados poderiam ser úteis no futuro, talvez para campanhas de marketing ou relatórios internos. Clara, com calma, explicou os riscos dessa abordagem e sugeriu que aplicassem a metodologia de minimização de dados.

Ela começou a ajustar o design do sistema, questionando cada dado solicitado. Para o cadastro inicial, restringiu-se a informações básicas: nome, e-mail e número de telefone, o mínimo necessário para agendar uma consulta e enviar notificações. Históricos médicos, embora úteis para os especialistas, seriam fornecidos pelo paciente apenas no momento da consulta, e diretamente ao médico, sem armazenamento desnecessário no sistema.

Enquanto implementam a solução, Clara também projetou o sistema de forma a usar pseudonimização, garantindo que, mesmo em caso de vazamento, dados pessoais e dados pessoais sensíveis não pudessem ser vinculados diretamente a indivíduos. Além disso, integrou avisos transparentes no aplicativo, informando os usuários sobre como seus dados seriam utilizados. Para Clara, isso não era apenas uma obrigação técnica; era uma questão de respeito.

Quando o aplicativo foi lançado, recebeu elogios tanto dos pacientes quanto dos profissionais de saúde. Os usuários se sentiam mais confiantes ao saber que seus dados estavam sendo coletados com parcimônia, enquanto o cliente percebeu que a abordagem de Clara não só aumentava a confiança, mas também simplificava a conformidade com as regulamentações de privacidade. Clara, ao olhar o impacto positivo de sua solução, sabia que havia transformado um projeto técnico em uma oportunidade de promover uma mudança cultural sobre

> como os dados são tratados.
>
> Assim, DataGlow não apenas entregou um produto de sucesso, mas ajudou a moldar uma nova forma de pensar em tecnologia, onde a minimização de dados não era vista como um obstáculo, mas como uma oportunidade de construir confiança e segurança em um mundo cada vez mais digital.

A prática da minimização de dados começa no estágio de design. Nessa fase, os engenheiros de software devem realizar análises para identificar quais dados são estritamente necessários e como eles serão processados. O uso de frameworks como o LINDDUN ou estratégias de Privacy by Design ajuda a identificar e reduzir excessos na coleta. Por exemplo, ao desenvolver um sistema de cadastro de usuários, muitas vezes é suficiente solicitar nome e e-mail, em vez de dados pessoais como o número da identidade ou data de nascimento. Essa abordagem não apenas protege os indivíduos, mas também reduz a superfície de ataque de possíveis violações de dados.

A propósito, LINDDUN[43] é uma metodologia projetada para análise de ameaças à privacidade no contexto de sistemas de software. Seu objetivo é auxiliar desenvolvedores, engenheiros de software e especialistas em privacidade a identificar, avaliar e mitigar ameaças que podem comprometer a privacidade dos usuários. O nome LINDDUN é um acrônimo que representa diferentes tipos de ameaças à privacidade:

1. **Linkability (Rastreabilidade)**: A capacidade de conectar dados ou ações de um usuário, mesmo que anonimizados.
2. **Identifiability (Identificabilidade)**: A possibilidade de identificar um indivíduo a partir de informações processadas.
3. **Non-repudiation (Não-repúdio)**: A incapacidade de um indivíduo negar ações ou transações realizadas.
4. **Detectability (Detectabilidade)**: A possibilidade de

determinar se um dado específico está presente em um sistema.
5. **Disclosure of Information (Divulgação de Informações):** A exposição de informações privadas a partes não autorizadas.
6. **Unawareness (Desconhecimento):** A falta de clareza ou entendimento do usuário sobre como seus dados são usados.
7. **Non-compliance (Não-conformidade):** A falha em cumprir regulamentações de privacidade ou expectativas dos usuários.

Essa abordagem oferece uma visão sistemática e detalhada da privacidade, promovendo uma base sólida para desenvolver sistemas que respeitem a privacidade dos usuários e minimizem riscos associados à coleta e processamento de dados pessoais.

Outra técnica importante é o uso de anonimização e pseudonimização, ferramentas poderosas para garantir a privacidade enquanto ainda permitem o uso dos dados para análises ou aprendizado de máquina, conforme capítulo anterior. A anonimização elimina a possibilidade de identificar um indivíduo nos dados, enquanto a pseudonimização substitui identificadores diretos por códigos artificiais, permitindo a reidentificação apenas sob condições controladas. Apesar disso, tais práticas devem ser constantemente revisadas, dado que avanços tecnológicos podem comprometer métodos previamente seguros, como revelam estudos sobre riscos de reidentificação.

Uma das situações mais comuns que passei foi mudar sistemas existentes com grande base legada onde seria necessário aplicar técnicas de minimização de dados. Veja esse outro caso:

Imagine uma plataforma de e-commerce chamada ShopSmart, que opera há mais de uma década. Ao longo dos anos, a empresa acumulou uma vasta base de dados, incluindo informações de clientes que não utilizam mais o serviço, dados duplicados e até dados pessoais coletados em excesso. A liderança da empresa decidiu revisar suas práticas de gestão de dados para aderir a regulamentações de privacidade, melhorar a segurança e reduzir os riscos de privacidade.

O engenheiro de software responsável, Rafael, iniciou o processo com uma auditoria completa do sistema. Ele e sua equipe analisaram o banco de dados para mapear todos os tipos de informações armazenadas, identificando dados obsoletos, redundantes e excessivos. Por exemplo, encontraram registros de clientes inativos há mais de cinco anos, logs de atividades que não tinham mais propósito prático e informações críticos como números de RG coletados durante campanhas antigas.

Rafael criou um plano de ação dividido em etapas. Primeiro, implementou um processo de "esqueletização" dos dados legados. Para isso, utilizou técnicas como anonimização e agregação. Aqueles dados que não eram mais necessários foram anonimizados ou removidos, preservando apenas o que era obrigatório para análises históricas, como tendências de vendas agregadas.

Em seguida, desenvolveu políticas de retenção baseadas no ciclo de vida dos dados. Dados de clientes inativos foram programados para exclusão após um período predeterminado, salvo quando houvesse justificativa legal para retenção. Essa política foi automatizada para reduzir erros humanos e garantir que novos dados seguissem as mesmas regras.

Paralelamente, Rafael integrou camadas adicionais de pseudonimização no sistema ativo. Informações identificáveis como e-mails e telefones foram protegidas com identificadores alternativos, acessíveis apenas por sistemas que exigiam esse nível de detalhe, como a equipe de suporte ao cliente.

Por fim, Rafael trabalhou em uma interface transparente que

> comunicava aos usuários como seus dados estavam sendo tratados e permitia a exclusão manual de informações sob demanda, de acordo com solicitações de exclusão ou revisão de dados feitas pelos titulares.
>
> O resultado foi um sistema mais enxuto, seguro e alinhado às melhores práticas de proteção de dados. Além de reduzir os riscos de vazamento e multas regulatórias, Rafael demonstrou que é possível aplicar o conceito de data minimization a sistemas legados, transformando um desafio técnico em um diferencial competitivo para a ShopSmart.

Os projetos conduzidos por Rafael e Clara possuem um ponto em comum: ambos enfrentam o desafio de alinhar sistemas tecnológicos às práticas de minimização de dados, promovendo uma gestão eficiente e segura das informações pessoais. Embora os contextos sejam diferentes, com Clara lidando com o design de um sistema novo e Rafael trabalhando em um legado robusto, ambos os projetos exigem uma abordagem estratégica que balanceie necessidades funcionais com a responsabilidade de proteger a privacidade dos usuários. Essa similaridade demonstra que, independentemente do estágio de desenvolvimento, a aplicação de princípios de minimização é um passo crítico para construir confiança, reduzir riscos e garantir conformidade regulatória.

Na tabela a seguir, é possível observar como as ações tomadas por Rafael e Clara se conectam em torno de objetivos comuns, apesar de suas diferenças específicas de contexto. Essa comparação permite compreender melhor os desafios práticos e as soluções possíveis em cenários variados. Além disso, o checklist incluído oferece um guia prático para profissionais que desejam replicar ou adaptar essas práticas em seus próprios projetos. Use essas ferramentas como uma referência para estruturar seu trabalho e garantir que ele esteja alinhado com os mais altos padrões de segurança e privacidade de dados.

Aspecto	Desafios de Clara (Sistema Novo)	Desafios de Rafael (Sistema Legado)	Checklist de Ações
Identificação de dados necessários	Determinar o mínimo necessário para funcionalidades básicas.	Mapear e categorizar dados acumulados ao longo de anos.	Mapear e validar dados necessários.
Tratamento de dados sensíveis	Evitar coleta excessiva no design inicial do sistema.	Identificar dados sensíveis desnecessários no legado.	Implementar controles para coleta e uso de dados sensíveis.
Implementação de anonimização/pseudonimização	Incorporar anonimização desde o início do desenvolvimento.	Analisar e implementar anonimização em dados antigos.	Usar ferramentas para anonimização/pseudonimização.
Definição de políticas de retenção	Planejar retenção de dados já no design do sistema.	Criar políticas de retenção para dados já existentes.	Definir e automatizar políticas claras de retenção.
Comunicação transparente com usuários	Educar usuários sobre uso e propósito dos dados desde o início.	Garantir que usuários entendam e aceitem as mudanças.	Criar comunicação clara e acessível para os usuários.
Conformidade com regulamentações	Garantir que o sistema seja construído com conformidade nativa.	Adaptar o sistema legado às regulamentações atuais.	Realizar auditorias para assegurar conformidade regulatória.
Automatização de processos	Automatizar coleta e processamento desde o lançamento.	Automatizar a exclusão e retenção de dados legados.	Integrar automação para processos contínuos.
Redução de riscos operacionais	Mitigar riscos de superespecificação no sistema novo.	Reduzir riscos de interrupção ao alterar sistemas existentes.	Monitorar e revisar impactos em funcionalidades críticas.
Engajamento com stakeholders	Convencer o cliente a priorizar a minimização de dados.	Obter suporte interno para mudanças complexas em dados.	Envolver stakeholders em discussões e decisões-chave.

O desafio da minimização de dados reside na necessidade de equilibrar a funcionalidade do sistema e os requisitos regulatórios. Organizações enfrentam dilemas, especialmente em projetos de larga escala ou em setores como saúde e finanças, onde os dados são críticos. A implementação de estratégias robustas de minimização deve ser suportada por treinamento contínuo de desenvolvedores e auditorias regulares nos processos. A adoção de mecanismos como controles granulares de acesso e logs de atividades pode mitigar os riscos, aumentando a confiança de usuários e stakeholders no sistema.

GERENCIAMENTO DE COOKIES PARA PRIVACIDADE

Os cookies são pequenos conjuntos de dados armazenados no navegador de um usuário quando ele acessa um site. Esses arquivos contêm informações que permitem ao site "lembrar-se" de suas interações e preferências, como idioma escolhido, itens adicionados ao carrinho de compras ou páginas visitadas anteriormente. Embora sejam amplamente utilizados para melhorar a experiência do usuário, os cookies também servem para coleta de dados para personalização de conteúdos, análises de desempenho e publicidade direcionada.

> Era uma vez uma jovem chamada Marina, que adorava plantas. Num sábado ensolarado, ela decidiu que era hora de transformar seu apartamento em uma selva. Com isso em mente, acessou um site chamado "Jardins dos Sonhos", que prometia transformar qualquer espaço em um paraíso botânico. Marina passou horas navegando no site, adicionando plantas exóticas ao carrinho, mas no final decidiu que seria melhor esperar pelo próximo mês, quando o salário chegasse.
>
> No dia seguinte, começou a notar algo estranho. Enquanto rolava o feed das redes sociais, lá estava um anúncio da "Jardins dos Sonhos", exibindo exatamente as samambaias e as orquídeas que ela havia adicionado ao carrinho.

"Coincidência", pensou Marina. Mas a coincidência continuou. Ao assistir a um vídeo de receita no YouTube, um banner saltou na tela: "Transforme sua casa em uma selva! Compre nossas plantas agora!" Até no aplicativo de previsão do tempo, onde Marina buscava informações sobre chuvas, um popup dizia: "Suas plantas sonham com você. Adquira-as hoje mesmo!"

Marina começou a ficar desconfiada. Cada clique parecia levar a mais anúncios. Ela já não sabia se realmente queria isso ou se era o algoritmo que queria convencê-la disso. Tentando escapar, decidiu sair para uma caminhada, longe de telas. No meio do passeio, uma notificação no celular a interrompeu: "Você esqueceu seu carrinho! Não deixe suas plantas esperando."

Cansada de ser perseguida pelas plantas que não comprou, Marina resolveu agir. Pesquisou sobre cookies e rastreamento online e descobriu que o site havia coletado dados de navegação e os compartilhado com redes de publicidade. Decidida a virar o jogo, ela instalou bloqueadores de anúncios e começou a recusar cookies desnecessários em todos os sites que visitava. No dia seguinte, ao abrir seu navegador, sentiu-se livre. Sem banners, sem pop ups, sem monstros verdes digitais a perseguindo.

Marina nunca mais olhou para cookies da mesma forma. E quanto às plantas? Ela comprou algumas em uma loja local e descobriu que a selva dos sonhos não precisava de algoritmos, apenas de um pouco de terra, sol e muita paciência.

Os cookies são considerados dados pessoais porque podem identificar ou tornar identificável um indivíduo. Mesmo que, isoladamente, um cookie não contenha informações como nome ou endereço, ele pode ser combinado com outros dados coletados, como endereços IP ou históricos de navegação, para traçar perfis detalhados dos usuários. Essa capacidade de vincular informações e criar identificadores únicos é o que torna os cookies sujeitos a regulamentações de privacidade mais comuns.

Em 2019, uma empresa de telecomunicações foi multada pela Autoridade Francesa de Proteção de Dados (CNIL) por armazenar cookies nos dispositivos dos usuários sem consentimento válido. O caso gerou ampla repercussão, pois os cookies permitem rastrear a atividade online para fins de publicidade sem que os usuários fossem devidamente informados ou tivessem a opção de rejeitar o rastreamento. Esse episódio destacou os riscos de negligenciar as práticas de transparência e o uso responsável de cookies, reforçando a necessidade de conformidade com as regulamentações.

Segundo as diretrizes da ePrivacy, os cookies são tratados como ferramentas de coleta de dados que requerem o consentimento do usuário antes de serem ativados, exceto quando estritamente necessários para o funcionamento do site. A regulamentação estabelece que os usuários devem ser informados claramente sobre quais tipos de cookies estão sendo usados, suas finalidades e a possibilidade de gerenciar suas preferências. O objetivo é garantir transparência e controle, permitindo que os usuários façam escolhas informadas sobre a coleta e o uso de seus dados.

Os cookies podem ser classificados em várias categorias, incluindo cookies estritamente necessários, de desempenho, de funcionalidade e de publicidade. Cookies estritamente necessários são essenciais para que o site funcione corretamente, como os que mantêm o login do usuário ativo. Os de desempenho ajudam a medir a eficácia do site, enquanto os de funcionalidade armazenam preferências do usuário, como idioma ou layout. Já os cookies de publicidade rastreiam o comportamento do usuário em diferentes sites para exibir anúncios personalizados.

Cada website deve tratar os cookies de acordo com sua categoria, respeitando os requisitos regulatórios e as expectativas dos usuários. Cookies estritamente necessários podem ser ativados sem consentimento prévio, mas ainda devem ser informados na política de privacidade. Por outro lado, cookies de desempenho, funcionalidade e publicidade exigem o consentimento explícito do usuário antes de serem ativados. Além disso, o site deve oferecer mecanismos acessíveis para que os usuários possam revisar e alterar suas preferências a qualquer momento, garantindo uma experiência digital transparente e conforme as leis de proteção de dados.

Para programadores que desejam garantir o tratamento adequado de cookies em seus sites, uma prática fundamental é implementar um banner de consentimento que esteja em conformidade com as regulamentações. Esse banner deve ser exibido antes de qualquer cookie não obrigatório ser ativado, oferecendo ao usuário informações claras sobre as categorias de cookies e suas finalidades. Além disso, o consentimento deve ser granular, permitindo que os visitantes aceitem ou rejeitem cookies de forma individual, como os de publicidade, análise ou funcionalidade.

Outra recomendação técnica é adotar o conceito de "carga atrasada" (lazy loading) para cookies. Isso significa que cookies não essenciais, como os de rastreamento e análise, só devem ser ativadas após o consentimento do usuário. É importante também armazenar esses consentimentos de maneira segura, com registros que possam ser auditados, caso necessário. Além disso, programadores devem utilizar técnicas como hash para anonimizar identificadores em cookies, protegendo informações pessoais e minimizando riscos de exposição. Revisões periódicas do código e da política de cookies também são essenciais para garantir que novas funcionalidades ou serviços integrados estejam alinhados às regulamentações em constante evolução.

O caso "Planet49"[44] foi uma decisão significativa do Tribunal de Justiça da União Europeia (TJUE) envolvendo a prática de consentimento para cookies em websites. No caso, a Planet49, uma empresa alemã, utilizou um método de consentimento pré-selecionado em uma promoção online, onde os usuários eram obrigados a aceitar cookies como condição para participar de um sorteio. O caso levantou questões críticas sobre o que constitui um consentimento válido sob as leis europeias de proteção de dados, especificamente o Regulamento Geral de Proteção de Dados (GDPR) e a Diretiva ePrivacy.

O TJUE decidiu que o consentimento pré-selecionado não é válido. O tribunal concluiu que, para ser considerado legítimo, o consentimento deve ser informado, explícito e ativo. Isso significa que os usuários devem ter a opção de decidir conscientemente sobre o uso de cookies, sem que as configurações padrão já impliquem aceitação. Além disso, a decisão destacou a necessidade de fornecer informações claras e compreensíveis sobre os tipos de cookies utilizados e sua finalidade, garantindo que os usuários possam fazer escolhas informadas.

Esse caso evidenciou a importância da transparência e da conformidade técnica em relação ao uso de cookies. Ele também serviu como um alerta para empresas que utilizam práticas similares, ressaltando a necessidade de rever suas abordagens e implementar medidas que respeitem os direitos dos usuários. A decisão do TJUE reafirmou a obrigação de obter consentimento explícito, protegendo a privacidade dos dados dos usuários e estabelecendo um precedente significativo para práticas de privacidade online.

Para verificar se um site está respeitando a privacidade dos usuários em relação ao uso de cookies, você pode utilizar as ferramentas nativas do navegador ou extensões específicas.

Uma forma de fazer isso é acessando o site que deseja analisar e abrindo as ferramentas de desenvolvimento do navegador. Para isso, pressione F12 ou Ctrl + Shift + I (Windows/Linux) e Cmd + Option + I (Mac), ou clique com o botão direito na página e selecione "Inspecionar". No painel que se abrirá, procure pela aba "Application" (ou "Aplicativo", dependendo do idioma do navegador). Dentro dessa aba, localize a seção de Storage ou Armazenamento e selecione "Cookies". A partir daí, será exibida uma lista de domínios relacionados ao site; clique no domínio principal para visualizar os cookies armazenados.

Caso prefira uma alternativa mais acessível, você pode instalar extensões voltadas para análise de cookies e rastreadores, como "EditThisCookie", "Cookie-Editor" ou "Ghostery", que fornecem uma visão simplificada e detalhada dos cookies em uso, facilitando a verificação da conformidade com as práticas de privacidade.

Verifique se o site criou cookies que não são essenciais antes de você ter dado o consentimento explícito. Cookies não essenciais geralmente estão associadas a rastreamento, análise ou publicidade, e podem incluir nomes de ferramentas como Google Analytics ou Facebook Pixel. Analise as colunas de informações como "Name" (nome), "Domain" (domínio), "Expires" (data de expiração) e "Value" (valor). Se identificar cookies que não se enquadram na categoria estritamente necessária ao funcionamento do site logo após o carregamento inicial, é provável que o site não esteja em conformidade.

O Caso dos Cookies de Terceiros: Quando Publishers Pagam o Preço

Pense em um cenário onde publishers, aqueles sites que vivem de anúncios, começam a perceber que os cookies de terceiros estão saindo caro demais — não só em dinheiro, mas em privacidade também. Um artigo[45] da Digiday de 2024 mostrou como empresas como a The Washington Post e a Axel Springer estão cansadas dos vazamentos de dados que esses cookies causam. Eles entregam informações valiosas, como o que você lê ou compra, direto para redes de anúncios, muitas vezes sem controle. Um estudo da Deloitte citado no texto apontou que publishers perdem até 50% da receita por causa desses vazamentos, enquanto os usuários ficam expostos a rastreamento desenfreado. Isso deixa claro que segurança mal planejada pode custar mais do que parece.

O problema está na forma como esses cookies funcionam: eles são soltos na internet por terceiros, como plataformas de publicidade, e pegam dados sem que o site original consiga segurar as rédeas. Isso abre brechas para vazamentos, já que o publisher nem sempre sabe para onde as informações estão indo. Uma solução simples é cortar esses cookies desde o começo. Você pode configurar seu site para usar apenas cookies primários, que ficam sob seu controle. No backend, dá para ajustar o servidor — tipo um Nginx — para bloquear scripts de terceiros por padrão, usando cabeçalhos como Content Security Policy (CSP). Assim, você decide quem vê os dados dos usuários, não uma empresa qualquer.

A The Washington Post, por exemplo, começou a testar alternativas como o Seller Defined Audiences (SDA), que deixa os publishers gerirem os dados sem depender de terceiros. Isso reduz o risco de vazamentos e ainda mantém os anúncios funcionando. Como desenvolvedor, você pode implementar algo parecido: armazene dados de comportamento em um servidor local seguro e só compartilhe hashes anônimos com parceiros, tipo SHA-256 dos IDs de usuário. Outra ideia é testar ferramentas como o Privacy Sandbox do Google, que substitui cookies de terceiros por APIs mais controladas. O segredo é sempre checar o fluxo de dados — use um debugger como o do Chrome para ver o que está sendo enviado e para quem.

Os publishers estão acordando para o fato de que segurança não é só uma questão técnica, mas um jeito de proteger o bolso e a confiança dos usuários. A Axel Springer já cortou laços com cookies que não agregam valor direto, focando em dados próprios. Para você, a lição é clara: invista em soluções que dão controle, como criptografia básica nos cookies primários ou políticas rígidas de consentimento no frontend. Casos assim provam que largar mão de terceiros mal gerenciados não é só moda — é uma necessidade para quem quer manter a privacidade e o lucro no jogo.

ATENDIMENTO DOS TITULARES DE DADOS

O DSAR (Data Subject Access Request) é um mecanismo que permite aos titulares de dados solicitarem acesso às informações que uma organização mantém sobre eles. Esse processo, previsto na maioria das regulamentações de privacidade, é um dos pilares do direito à privacidade, permitindo que os indivíduos exerçam maior controle sobre seus dados pessoais. O DSAR pode incluir pedidos para acessar, corrigir, excluir ou restringir o processamento de informações, entre outros, garantindo assim a autodeterminação informativa.

A autodeterminação informativa é o princípio segundo o qual os indivíduos têm o direito de controlar os dados pessoais que dizem respeito a eles, decidindo como essas informações são coletadas, utilizadas, armazenadas e compartilhadas. Esse conceito resume a ideia de que os dados pessoais pertencem aos indivíduos, não às organizações que os processam, garantindo que cada pessoa possa determinar o destino de suas informações de maneira livre, consciente e informada.

Nas palavras de Danilo Doneda[46]:

> *A autodeterminação informativa surgiu basicamente como uma extensão das liberdades presentes nas leis de segunda geração, e são várias as mudanças específicas nesse sentido que podem ser identificadas na estrutura dessas novas leis. O tratamento dos dados pessoais era visto como um processo, que não se encerrava na simples permissão ou não da pessoa à utilização de seus dados pessoais, porém procurava incluí-*

la em fases sucessivas do processo de tratamento e utilização de sua própria informação por terceiros, além de compreender algumas garantias, como o dever de informação.

A autodeterminação informativa era, porém, o privilégio de uma minoria que decidia enfrentar os custos econômicos e sociais do exercício dessas prerrogativas. Verificado esse caráter exclusivista, uma quarta geração de leis de proteção de dados, como as que existem hoje em vários países, surgiu e caracterizou-se por procurar suprir as desvantagens do enfoque individual existente até então. Nestas leis procura-se enfocar o problema integral da informação, pois elas presumem que não se pode basear a tutela dos dados pessoais simplesmente na escolha individual – são necessários instrumentos que elevem o padrão coletivo de proteção.

O termo ganhou relevância com o avanço das regulamentações de privacidade, que reforçam esse direito como uma forma de proteger a privacidade e dignidade dos cidadãos em um mundo cada vez mais digital. A autodeterminação informativa envolve, por exemplo, o direito de consentir ou recusar o uso de seus dados, o acesso às informações armazenadas, a solicitação de retificação ou exclusão e a possibilidade de portabilidade dos dados pessoais para outros serviços.

Esse princípio vai além da simples proteção de dados, pois estabelece um equilíbrio de poder entre indivíduos e organizações, promovendo a transparência e a responsabilidade no uso de informações pessoais. Ele também sustenta a base de práticas éticas na era da economia digital, em que o uso intensivo de dados pode impactar diretamente direitos fundamentais, como liberdade, igualdade e autonomia.

Os direitos que devem ser oferecidos aos titulares incluem o acesso a dados pessoais, a retificação de informações incorretas, a exclusão de dados, a limitação do processamento e a portabilidade. Além disso, os titulares têm o direito de se opor ao uso de seus dados para determinadas finalidades, como marketing direto, e de solicitar informações detalhadas sobre como seus dados são tratados. Para atender a esses direitos, o site deve disponibilizar um canal acessível, como um formulário online ou endereço de e-mail específico, acompanhado de orientações claras sobre como os usuários podem exercer seus direitos.

Cada legislação de privacidade estabelece direitos específicos e requisitos para sua implementação, refletindo as particularidades culturais, econômicas e regulatórias de cada país ou região. Por exemplo, o GDPR na União Europeia define direitos como a portabilidade de dados e o direito ao esquecimento, permitindo que indivíduos solicitem a exclusão de suas informações quando não forem mais necessárias para a finalidade original do tratamento. No Brasil, a LGPD exige consentimento expresso para diversas atividades que envolvem dados considerados sensíveis, garantindo maior transparência e controle ao titular.

Na Arábia Saudita, a Personal Data Protection Law (PDPL) impõe restrições sobre a transferência internacional de dados e exige que qualquer coleta ou processamento seja feito com uma base legal clara, enfatizando a proteção da privacidade em conformidade com os princípios islâmicos. Já a Digital Personal Data Protection Act (DPDP) da Índia, sancionada em 2023, destaca a minimização de dados e a obrigação de responsabilização, exigindo que as empresas protejam informações pessoais e ofereçam meios simplificados para que os titulares exerçam seus direitos.

Diante dessas variações, as empresas devem ajustar seus processos de compliance e seus canais de atendimento para atender às exigências da jurisdição onde operam, garantindo conformidade regulatória e fortalecendo a confiança dos usuários.

A presença de um DPO (Data Protection Officer) no site é uma exigência fundamental em muitas regulamentações. O

DPO atua como ponto de contato para titulares de dados e autoridades regulatórias, garantindo a conformidade com as leis de privacidade. No site, as informações de contato do DPO, como e-mail e telefone, devem estar claramente disponíveis para facilitar o acesso dos usuários e demonstrar transparência no tratamento de dados pessoais.

A ausência de um DPO ou de um canal para atender os titulares pode resultar em sanções significativas, incluindo multas administrativas e danos à reputação da empresa, além disso, a ausência de canais adequados pode levar à desconfiança dos usuários, impactando negativamente os negócios e dificultando a relação com clientes e parceiros.

> Carlos, um estudante de Direito sempre atento às novidades em privacidade e proteção de dados, decidiu testar o direito que tinha como titular. Ele estava curioso para saber como uma grande loja online, onde comprava regularmente, tratava suas informações pessoais. Ao visitar o site, encontrou um formulário simples para solicitar seus dados e rapidamente preencheu as informações necessárias. Bastava incluir seu e-mail cadastrado e uma breve descrição do pedido. Para sua surpresa, em menos de uma hora, recebeu um e-mail com um arquivo contendo todas as informações solicitadas.
>
> Empolgado com a rapidez, abriu o arquivo imediatamente. No entanto, ao começar a ler os dados, percebeu algo estranho. O nome no relatório era Ana Beatriz e o conteúdo continha informações como histórico de compras, endereços de entrega e até dados de pagamento. Carlos ficou alarmado. Ele, que esperava verificar o uso de seus próprios dados, tinha em mãos informações altamente confidenciais de outra pessoa. "Isso não está certo", pensou. A loja, claramente, não havia implementado medidas técnicas para verificar a identidade de quem fazia o pedido.
>
> Intrigado e um tanto indignado, Carlos decidiu testar algo.

> Ele enviou outro pedido ao sistema, desta vez usando um e-mail fictício que acabara de criar. Para sua surpresa, mais uma vez, recebeu rapidamente um relatório. Esse novo arquivo continha dados de outro cliente, expondo ainda mais a gravidade do problema. Percebeu que o sistema da loja era completamente automatizado, sem qualquer validação efetiva para confirmar se o solicitante era, de fato, o titular dos dados.
>
> Carlos entrou em contato com a loja, explicando a falha crítica que havia descoberto. Inicialmente, foi ignorado, mas ao mencionar que estava considerando relatar o caso à autoridade de proteção de dados, recebeu uma ligação do departamento jurídico. A empresa admitiu que o sistema automatizado havia sido projetado para atender rapidamente os titulares, mas negligenciou medidas essenciais de autenticação por pressa em cumprir regulamentações. No final, a loja revisou todo o sistema e implementou verificações rigorosas, como validação por documentos e autenticação multifator.
>
> Enquanto isso, Carlos percebeu que sua curiosidade havia exposto um problema sério. Mais do que apenas buscar transparência, seu pedido serviu como um alerta para a importância de combinar tecnologia com responsabilidade. Afinal, na corrida para atender direitos de privacidade, negligenciar a segurança pode transformar uma boa intenção em um grande desastre.

A automação no atendimento aos titulares de dados traz benefícios significativos. Ela permite que as empresas processem solicitações de forma rápida, reduzindo custos operacionais e otimizando recursos. No entanto, quando mal implementada, essa automação pode introduzir riscos graves, como a exposição de dados pessoais a pessoas não autorizadas. A falta de autenticação adequada ou fluxos de validação pode levar a violações de privacidade que comprometem a confiança do cliente e expõem a organização a penalidades legais severas.

O uso de ferramentas profissionais de *data discovery* e verificação de identidade é fundamental para garantir a segurança e precisão no atendimento automatizado. Ferramentas de *data discovery* profissionais, ajudam a identificar e catalogar os dados pessoais armazenados pela organização, permitindo que as informações sejam prontamente localizadas e entregues apenas ao titular correto. Simultaneamente, soluções de verificação de identidade, como autenticação multifator, biometria ou validação de documentos, asseguram que a pessoa que está solicitando os dados seja, de fato, quem afirma ser.

Você jamais pode enviar dados pessoais para alguém sem ter plena confiança de que se trata da pessoa correta.

A configuração de um *workflow* bem estruturado para o atendimento dos titulares é outro componente crítico. Um fluxo deve incluir etapas claras de recebimento da solicitação, validação de identidade, processamento dos dados e resposta ao titular. O uso de ferramentas de gerenciamento de solicitações, permite monitorar e priorizar pedidos, além de manter um histórico para auditorias futuras. Esse *workflow* deve ser projetado para garantir conformidade com os prazos legais e minimizar a intervenção humana em pontos onde erros ou violações podem ocorrer.

A criação de um portal de privacidade para os usuários é outra ideia de uma solução robusta que centraliza e organiza o atendimento aos titulares. Esse portal pode incluir um sistema de cadastro com validação de identidade pelo método KYC (*Know Your Customer*), utilizando informações já disponíveis na base de usuários da empresa. Quando integrado às plataformas internas, o portal pode facilitar o acesso dos titulares aos seus dados e às opções de gerenciamento, como editar consentimentos ou solicitar exclusões. Além de aumentar a eficiência, essa abordagem promove transparência e fortalece a relação de confiança entre a empresa e seus clientes.

No entanto, a implementação de um sistema KYC precisa considerar desafios da atualidade, como o uso de deepfake para fraudar processos de verificação de identidade. Com os avanços da inteligência artificial, criminosos conseguem criar vídeos e imagens altamente realistas que imitam rostos, vozes e até expressões faciais de indivíduos reais. Isso pode ser explorado para burlar o reconhecimento facial em cadastros online, permitindo que fraudadores criem contas falsas ou assumam a identidade de outras pessoas, comprometendo a segurança dos dados e a confiabilidade do portal de privacidade.

Em Hong Kong[47], um grupo de golpistas usou tecnologia de deepfake para se passar pelo diretor financeiro de uma empresa e conseguiu enganar um banco para transferir US$ 35 milhões para contas fraudulentas. Eles falsificaram a voz do executivo de forma tão convincente que ninguém desconfiou.

Tudo começou quando os criminosos enviaram e-mails e fizeram ligações para o banco, fingindo ser o CFO. Eles usaram inteligência artificial para imitar a voz dele perfeitamente, solicitando transferências bancárias urgentes. Como o banco já tinha um relacionamento com a empresa e reconheceu a voz do executivo, processou as transferências sem questionar.

Só depois que o verdadeiro CFO descobriu movimentações estranhas nas contas é que o golpe foi revelado. Infelizmente, os golpistas já tinham desaparecido com o dinheiro.

Para mitigar esse risco, as empresas devem adotar múltiplos fatores de autenticação, combinando biometria com provas de vida, como detecção de piscadas ou movimentos naturais da face em tempo real. Além disso, técnicas avançadas de análise de metadados e comportamento digital podem ser aplicadas para identificar padrões suspeitos e sinais de manipulação sintética. A integração de soluções que utilizam machine learning para detectar deepfakes em tempo real pode aumentar significativamente a eficácia dos sistemas KYC, garantindo que apenas usuários legítimos tenham acesso aos seus direitos de privacidade e ao gerenciamento de seus dados.

Atendimento dos Direitos dos Titulares: Quando o GDPR Virou Arma

Eu já vi de tudo na minha jornada com privacidade, mas o que aconteceu em 2019 me fez parar para pensar: e se uma lei feita para proteger dados virasse um jeito de expô-los? Um pesquisador da Universidade de Oxford, James Pavur, apresentou[48] na Black Hat algo que mexeu comigo. Ele usou o "direito de acesso" do GDPR — aquele que qualquer um pode invocar para pedir suas informações — para fingir ser sua noiva e solicitar dados dela a dezenas de empresas no Reino Unido e nos EUA. Resultado? Um em cada quatro lugares entregou tudo sem checar quem ele era: histórico de viagens, cartão de crédito, até o número completo do Seguro Social dela nos EUA. Isso mostra como atender os direitos dos titulares pode virar um risco se você não tiver cuidado.

O esquema dele foi simples, mas esperto. Com um e-mail falso no formato "nome-meio-sobrenome@gmail.com" e uma carta citando o prazo de um mês do GDPR, ele pediu tudo que tinham sobre ela. Algumas empresas, como uma rede de hotéis britânica e uma firma de educação americana, mandaram listas completas de estadias, notas do ensino médio e até um relatório de antecedentes criminais dela — sem nem pedir um documento decente. Para quem trabalha com sistemas, isso é um alerta: nunca confie só no que o usuário diz. Configure um processo sólido de verificação, como exigir um login autenticado ou um ID digitalizado enviado por um portal seguro. Eu já vi times pularem essa etapa por preguiça, mas o processo de atendimento exige proteção, não só resposta rápida.

O que me impressionou foi como empresas grandes, tipo Tesco e American Airlines, se saíram bem, pedindo foto de passaporte ou fazendo entrevista por telefone, enquanto outras menores ou médias simplesmente falharam. Uma até aceitou um extrato bancário quase todo apagado, só com nome e endereço visíveis

— imagina o quanto isso é fácil de falsificar. Como engenheiro, você pode evitar esse tipo de deslize usando autenticação multifator (MFA) nas suas plataformas de atendimento ou, no mínimo, um CAPTCHA decente para filtrar pedidos automáticos. Outra ideia é logar cada solicitação com ferramentas como o Splunk ou ELK, para rastrear quem pediu o quê e como foi verificado. Assim, você garante o direito de acesso sem abrir a porta para qualquer um.

No fim, o caso do Pavur — que, aliás, teve permissão da noiva para o teste — é um lembrete pessoal: atender os direitos dos titulares não é só cumprir prazos, é proteger quem confia em você. Ele conseguiu obter 60 tipos de dados pessoais dela, incluindo senhas que ainda funcionavam em outros sites, porque ninguém checou direito. Uma empresa até postou a carta dele online, expondo nome, endereço e telefone dela num vazamento extra. Então, fica o recado: construa sistemas que pedem prova de identidade antes de soltar qualquer coisa.

POLÍTICA DE PRIVACIDADE E TRANSPARÊNCIA

Uma boa política de privacidade funciona como um elo para estabelecer transparência e confiança entre a empresa e seus usuários. Ela funciona como um contrato implícito que detalha como os dados pessoais são coletados, usados, armazenados e protegidos. Além de atender aos requisitos legais impostos por regulamentações, uma política bem escrita demonstra o comprometimento da organização com a privacidade, aumentando a percepção de responsabilidade e ética perante o público.

Mas será que precisamos colocar toda a política de privacidade disponível para os usuários? Nesse caso temos à disposição o mecanismo de aviso de privacidade. A diferença entre uma política de privacidade e um aviso de privacidade está no objetivo e na abordagem de cada um. A política de privacidade é um documento mais robusto, que descreve os princípios gerais e as práticas de tratamento de dados da organização, frequentemente disponibilizada internamente. Já o aviso de privacidade é mais específico, direcionado a contextos pontuais de coleta de dados, como formulários ou funcionalidades específicas, informando ao usuário quais informações estão sendo coletadas naquele momento e com qual finalidade, geralmente disponível nos canais da empresa.

Oferecer aos usuários a possibilidade de comparar versões

anteriores do documento e visualizar o que foi alterado é uma prática que reforça a transparência. Isso permite que os titulares de dados entendam como os tratamentos de informações evoluíram e tomem decisões informadas sobre continuar a compartilhar seus dados com a organização. Ferramentas que destacam alterações ou links diretos para as versões anteriores são exemplos práticos que promovem clareza e confiança.

O Dilema das Políticas de Privacidade

Quando comecei a mexer com privacidade, achava que as políticas de privacidade eram a chave para dar aos titulares controle sobre seus dados — até perceber que ninguém as lê. Um artigo do *The Washington Post*[49] de 2022, escrito por Geoffrey Fowler, jogou luz nisso de um jeito que me fez repensar tudo. Ele conta como Twitter e Facebook tentaram simplificar suas políticas — o Twitter até virou a dele um jogo chamado *Twitter Data Dash*[50], com 4.500 palavras, enquanto o Facebook reescreveu a sua para um nível de ensino médio, mas esticou para 12.000 palavras. Mesmo assim, quem tem tempo ou paciência para isso? Isso me fez ver que o direito à transparência fica vazio se as pessoas não entendem o que estão consentindo.

O problema não é só o tamanho, mas o que essas políticas escondem embaixo do tapete. Fowler argumenta que empresas usam esses textos enormes para justificar coletar dados demais, muitas vezes sem dar opções reais aos titulares. Eu já passei por isso em projetos: você acha que está informando o usuário, mas na verdade está só enchendo linguiça. Uma saída é reduzir o que você coleta desde o começo — o famoso princípio da minimização. Como engenheiro, dá para configurar sistemas que só pegam o necessário. Por exemplo, use cookies de sessão curtos em vez de rastreadores persistentes, ou ajuste o backend para pedir opt-in explícito em cada coleta extra. Assim, o titular não precisa decifrar um livro para ter controle.

O artigo cita um caso que dou destaque aqui: mesmo com

esforços como o *Data Dash*, as empresas não resolvem o verdadeiro entrave — a sobrecarga. Fowler sugere abolir a ideia de que usuários devem ler políticas e, em vez disso, focar em "disclosures" para reguladores, deixando a proteção vir de menos coleta. Isso ressoa com o direito de escolha dos titulares: se eu peço para acessar ou excluir meus dados, quero um sistema que me ouça, não que me enterre em texto. Uma dica prática é criar interfaces simples de gestão de dados — tipo um painel onde o usuário veja tudo que você tem dele com um botão de "apagar". No código, use APIs como a do *Privacy Dashboard* do Google ou algo customizado para mostrar e deletar dados em tempo real.

No fundo, o que aprendi com essa leitura é que atender os direitos dos titulares não é sobre jogar palavras na cara deles — é sobre dar poder de verdade. Já configurei sistemas achando que uma política longa era suficiente, mas o *Post* me mostrou que isso é ilusão. Empresas como Twitter e Facebook podem tentar, mas enquanto coletarem tudo e mais um pouco, o titular fica refém. Então, fica a lição: construa software que corta o mal pela raiz, limitando dados e oferecendo opções claras. Use logs para rastrear solicitações e garanta que exclusões sejam rápidas — tipo um comando SQL bem feito que limpa só o que o usuário pediu. Assim, você respeita de fato os direitos que a lei promete.

Um aviso de privacidade deve ser estruturado de forma objetiva, cobrindo os seguintes tópicos principais, como por exemplo:

1. Identificação da empresa responsável pelo tratamento de dados.
2. As finalidades da coleta de dados e as bases legais que justifiquem o processamento.
3. Informações detalhadas sobre os dados coletados e como eles são utilizados.
4. Direitos dos titulares e como exercê-los.
5. Compartilhamento de dados com terceiros, quando aplicável.
6. Medidas de segurança adotadas para proteger as

informações.
7. Período de retenção dos dados e critérios para sua exclusão.
8. Informações de contato para suporte ou dúvidas. Uma linguagem acessível e um design com boa usabilidade ajudam a garantir que todos os usuários compreendam o conteúdo do aviso, independentemente do seu nível de conhecimento técnico.

CHECKLIST DE AÇÕES PRÁTICAS

☐ Integrei princípios de privacidade desde o design inicial do software.
☐ Configurei padrões de privacidade como configuração padrão no sistema.
☐ Apliquei técnicas de pseudonimização para proteger dados sensíveis durante o processamento.
☐ Anonimizei dados sempre que a identificação do titular não for necessária.
☐ Reduzi a coleta de dados ao mínimo necessário para cada finalidade.
☐ Desenvolvi arquiteturas segregadas para armazenar e processar dados sensíveis.
☐ Configurei cookies apenas com consentimento explícito do usuário.
☐ Disponibilizei opções para que os usuários gerenciem preferências de cookies.
☐ Implantei um portal para atender pedidos de acesso e exclusão de dados.
☐ Atualizei e disponibilizei a política de privacidade com transparência e clareza.
☐ Protegi dados em nuvem com criptografia, controle de acesso e monitoramento contínuo.
☐ Ofusquei dados reais em ambientes de teste para evitar exposição desnecessária.

CAPÍTULO 3

Desenvolvimento Seguro e Conformidade Técnica

Desenvolver software seguro e alinhado às normas técnicas de privacidade é uma necessidade em um cenário onde dados pessoais estão constantemente em risco. Este capítulo aborda como técnicas de desenvolvimento seguro podem ser implementadas para proteger sistemas contra vulnerabilidades e garantir a integridade dos dados. Exploraremos técnicas como controle de acesso robusto, criptografia aplicada e uso de bibliotecas confiáveis, além de metodologias como DevSecOps, que integram segurança em todas as etapas do desenvolvimento. A ênfase será dada à importância de alinhar segurança técnica com conformidade regulatória, garantindo que o software atenda aos requisitos legais sem comprometer sua eficiência e usabilidade.

FUNDAMENTOS DE SEGURANÇA NO DESENVOLVIMENTO DE SOFTWARE

A segurança no desenvolvimento de software começa com uma mentalidade de proteção desde a concepção do sistema, garantindo que a segurança não seja um complemento tardio, mas um componente intrínseco. Isso envolve a identificação precoce de requisitos de segurança durante a fase de planejamento, considerando ameaças potenciais e possíveis vetores de ataque. Modelos de ameaça, como STRIDE[51] ou PASTA[52], podem ser utilizados para mapear vulnerabilidades e riscos em diferentes camadas do sistema, permitindo que os desenvolvedores tomem decisões informadas sobre os controles a serem implementados.

A implementação de práticas de codificação segura é um dos pilares para mitigar vulnerabilidades. Isso inclui evitar falhas comuns, como injeções SQL, exposição de dados sensíveis e scripts entre sites, utilizando validação rigorosa de entradas e saídas, sanitização de dados e construção de consultas parametrizadas. Ferramentas de análise estática de código podem ser integradas ao pipeline de desenvolvimento para identificar vulnerabilidades em tempo real, enquanto revisões manuais de código por pares ajudam a detectar falhas que ferramentas automatizadas podem não identificar.

Lucas era um desenvolvedor experiente, conhecido por sua habilidade em resolver problemas complexos de código. Ele trabalhava para uma startup de e-commerce chamada FastBuy, que vinha crescendo rapidamente e atraindo cada vez mais clientes. Certo dia, enquanto revisava o dashboard de vendas, ele notou algo estranho: havia um pico anômalo de acessos ao sistema de administração, todos originados de um endereço IP desconhecido. Intrigado, começou a investigar.

Ao analisar os logs do banco de dados, Lucas percebeu que comandos SQL não autorizados estavam sendo executados. Um invasor havia explorado uma vulnerabilidade no sistema de login. A equipe de segurança confirmou: a FastBuy havia sido vítima de uma injeção de SQL. O atacante inseriu código malicioso no campo de entrada de nome de usuário, onde o sistema não sanitizava as entradas antes de executar as consultas no banco de dados. O comando era algo como: admin' OR '1'='1. Essa injeção forçava a consulta SQL a sempre retornar verdadeiro, concedendo acesso administrativo ao sistema.

A falha foi rastreada até um trecho de código no backend, onde a aplicação concatenava diretamente os valores fornecidos pelo usuário às consultas SQL. O código vulnerável era algo assim, em linguagem de programação Java

String query = "SELECT * FROM users WHERE username = '" + username + "' AND password = '" + password + "'";

ResultSet rs = stmt.executeQuery(query);

O invasor usou essa brecha para contornar a autenticação, obtendo acesso a dados sensíveis dos clientes e histórico de compras.

Lucas sabia que a primeira medida seria corrigir o código para evitar que entradas maliciosas fossem processadas como comandos SQL. Ele implementou consultas parametrizadas usando Prepared Statements, que separavam os dados das instruções SQL, tornando impossível para o atacante manipular a consulta. O código atualizado ficou assim:

String query = "SELECT * FROM users WHERE username = ? AND password = ?";
PreparedStatement pstmt = connection.prepareStatement(query);
pstmt.setString(1, username);
pstmt.setString(2, password);
ResultSet rs = pstmt.executeQuery();

Além disso, Lucas e a equipe configuraram uma camada de validação de entrada para rejeitar caracteres suspeitos diretamente no frontend, adicionaram uma política de senhas fortes e integraram uma solução de firewall para aplicativos web (WAF) para detectar e bloquear tentativas futuras de injeção de SQL. Eles também passaram a usar logs centralizados para monitorar acessos e atividades incomuns, permitindo uma resposta mais rápida a possíveis incidentes.

A vulnerabilidade foi corrigida e os sistemas ficaram mais seguros. O incidente serviu como um divisor de águas para a FastBuy. A equipe inteira passou a adotar uma postura de segurança proativa, revisando constantemente o código e implementando melhores práticas. Lucas transformou o desastre em aprendizado, conduzindo workshops internos para ensinar aos colegas os perigos da injeção de SQL e como evitá-la. Para ele, o verdadeiro sucesso não era apenas proteger o sistema, mas capacitar todos ao seu redor a fazer o mesmo.

A gestão de dependências e bibliotecas externas acaba sendo crítica na segurança do software. Bibliotecas obsoletas ou com vulnerabilidades conhecidas podem ser exploradas por atacantes para comprometer a integridade do sistema. Portanto, monitore ativamente as versões utilizadas, aplique atualizações de segurança assim que disponíveis e audite a confiabilidade das fontes antes de incorporar qualquer dependência. Gerenciadores de pacotes, como Maven e Gradle, podem ser configurados para verificar vulnerabilidades em bibliotecas automaticamente, reduzindo o risco de exposição.

A aplicação de criptografia é indispensável para proteger dados tanto em repouso quanto em trânsito. Algoritmos modernos, como AES e RSA, devem ser utilizados para garantir a confidencialidade e a integridade das informações. A implementação correta de certificados TLS para proteger a comunicação entre clientes e servidores poderá ajudar a prevenir ataques de interceptação. Além disso, o gerenciamento de chaves de criptografia deve ser tratado com rigor, utilizando soluções seguras para armazenamento e rotação periódica, minimizando a possibilidade de comprometimento.

Por fim, a segurança no desenvolvimento de software deve ser continuamente avaliada por meio de testes, como testes de penetração e avaliações dinâmicas de segurança. Esses testes simulam ataques reais para identificar fraquezas no sistema antes que possam ser exploradas. Adicionalmente, o monitoramento pós-implantação deve ser uma prática padrão, com ferramentas de análise de logs e sistemas de detecção de intrusões integrados ao ambiente de produção. Essa abordagem proativa garante que a segurança não seja estática, mas uma prática evolutiva que se adapta às ameaças em constante mudança.

O Caso da Ladders[53]: Quando um descuido expôs 13 milhões de currículos

Imagina só: você é um desenvolvedor cuidando de um sistema cheio de dados pessoais, como currículos com nomes, e-mails e até históricos de trabalho. Aí, em 2019, a Ladders, um site americano famoso por vagas de alto nível, deixou 13,7 milhões de registros de usuários expostos por causa de um erro bobo. Um banco de dados Elasticsearch hospedado na AWS ficou aberto, sem senha, para qualquer um acessar. Isso incluía não só candidatos, mas também 379 mil recrutadores. O pior? Era uma mina de ouro de informações pessoais, como endereços e telefones, tudo à disposição por anos até alguém perceber. Moral da história: segurança não é opcional, e um deslize pode virar pesadelo.

O que aconteceu foi simples: alguém esqueceu de trancar a porta. O banco Elasticsearch não tinha autenticação básica, algo que você configura em minutos. Para evitar esse tipo de erro, sempre cheque se o acesso ao seu banco de dados está restrito. Na AWS, por exemplo, dá para usar regras de IP no security group ou colocar uma senha no Elasticsearch — é só mexer no arquivo de configuração ou usar o painel para ativar. Outra dica de ouro: nunca confie que a configuração padrão vai te salvar. A Ladders achou que estava tudo certo porque a AWS dizia que o serviço era "seguro", mas sem senha ou restrição, é como deixar a chave na porta de casa.

Quando um pesquisador da GDI Foundation achou esse banco aberto, ele avisou a TechCrunch, que por sua vez avisou a Ladders. Em uma hora, o acesso foi bloqueado — mas já era tarde para saber quem tinha entrado antes. Para você não cair nessa, vale rodar ferramentas como o nmap ou o Shodan de vez em quando para ver se seus servidores estão expostos na internet. Outra ideia é botar um monitoramento básico, tipo um CloudWatch na AWS, para te avisar se algo estranho está acontecendo no tráfego. E, sério, documente tudo: quem acessa, como acessa, e o que tá liberado. Se a Ladders tivesse feito isso, talvez não tivesse virado notícia.

O CEO da Ladders jogou a culpa para um possível "roubo", mas o buraco era mais embaixo: falta de cuidado básico. Para não repetir esse erro, pense em segurança desde o começo do projeto. Use o princípio do menor privilégio — só libera o que precisa, para o menor número de pessoas possível. E testa, testa muito: simula um ataque com alguma ferramenta como o Burp Suite para ver onde seu sistema pode vazar.

PRÁTICAS DE CODIFICAÇÃO SEGURA E PREVENÇÃO DE VULNERABILIDADES

A codificação segura exige que os programadores integrem a privacidade como uma prioridade desde o início do desenvolvimento. Isso significa considerar como os dados pessoais serão processados, armazenados e protegidos, ao mesmo tempo que se evita introduzir vulnerabilidades que possam ser exploradas. Por exemplo, ao lidar com dados sensíveis, é importante implementar criptografia robusta e restringir o acesso somente a quem realmente necessita. Além disso, os desenvolvedores devem evitar práticas inseguras, como armazenar dados diretamente no código ou em arquivos de configuração. Essas medidas não apenas aumentam a segurança, mas também garantem que o sistema respeite os princípios de privacidade.

Os princípios do security by design complementam diretamente o privacy by design. Enquanto o primeiro foca na construção de sistemas resilientes contra ataques, o segundo se concentra em proteger os dados pessoais desde a concepção. Ambos compartilham valores fundamentais, como a minimização de riscos e a antecipação de problemas. Por exemplo, security by design enfatiza o uso de autenticação multifator e controle de acesso granulares, enquanto privacy by design defende a coleta mínima de dados e sua anonimização quando possível. Juntos, esses princípios criam um ecossistema onde privacidade e segurança andam de mãos dadas.

Os princípios do desenvolvimento seguro são guias fundamentais para criar sistemas robustos e resilientes contra ameaças. Cada princípio promove práticas que minimizam vulnerabilidades e maximizam a proteção de sistemas e dados. Aqui estão os principais:

1. **Defesa em profundidade**: Implemente várias camadas de segurança para proteger os sistemas caso uma delas seja comprometida.

2. **Privilégio mínimo**: Conceda apenas as permissões estritamente necessárias a cada usuário, sistema ou processo.

3. **Validação rigorosa de entradas**: Trate todas as entradas externas como potencialmente maliciosas e valide-as antes do processamento.

4. **Segurança por padrão**: Configure o sistema para operar de forma segura, exigindo que ações explícitas sejam tomadas para habilitar funcionalidades menos seguras.

5. **Minimização da superfície de ataque**: Reduza ao máximo os pontos de entrada e interação do sistema com o ambiente externo.

6. **Falha segura**: Projete o sistema para que ele mantenha a segurança mesmo em caso de falhas ou erros.

7. **Segurança por obscuridade como camada adicional**: Não confie exclusivamente na obscuridade para proteger o sistema, mas utilize-a como complemento às demais medidas.

8. **Gestão de sessões e autenticação seguras**: Use autenticação forte, proteja sessões ativas e implemente políticas de expiração e renovação.

9. **Proteção em tempo de execução**: Monitore o comportamento do sistema para detectar e responder a anomalias ou intrusões em tempo real.

10. **Auditoria e monitoramento contínuos**: Registre e analise atividades para identificar acessos indevidos, fraudes ou falhas de segurança.

11. **Ciclo de vida seguro de desenvolvimento**: Integre práticas de segurança em todas as etapas do desenvolvimento, desde o planejamento até a manutenção.

12. **Educação e conscientização**: Capacite desenvolvedores e equipes para que compreendam e apliquem continuamente as melhores práticas de segurança.

Uma prática central no security by design é adotar o princípio do menor privilégio, garantindo que cada componente ou usuário tenha apenas as permissões necessárias para executar suas funções. Isso é especialmente relevante quando considerado em paralelo ao privacy by design, que prega a restrição do acesso a dados sensíveis. Por exemplo, em um sistema de e-commerce, apenas o setor financeiro deve ter acesso às informações de pagamento, enquanto o suporte ao cliente pode lidar com dados menos críticos, como status de pedidos. Essa segregação de responsabilidades reduz drasticamente o impacto de uma eventual violação.

A prevenção de vulnerabilidades começa com a validação rigorosa de entradas de dados. Injeções de SQL, scripts maliciosos e outros ataques exploram falhas em como o sistema processa informações fornecidas pelos usuários. Além de proteger o código contra essas ameaças, a validação também é uma questão de privacidade, pois impede que dados sensíveis sejam extraídos ou manipulados indevidamente. Utilizar bibliotecas modernas e mantidas ativamente para sanitização de entradas e saídas é uma prática que promove tanto a segurança quanto o respeito à privacidade.

Por fim, testes contínuos e auditorias são indispensáveis para assegurar que as práticas de codificação segura e os princípios de design sejam efetivamente aplicados. Ferramentas automatizadas, como scanners de vulnerabilidade, podem identificar problemas rapidamente, enquanto testes manuais ajudam a validar os controles implementados. O alinhamento constante entre segurança e privacidade, além de proteger os dados e os sistemas, demonstra um compromisso ético com os usuários e promove a confiança em um mundo cada vez mais digital.

O Caso ResumeLooters e os Dados Roubados

Eu já trabalhei em sistemas que pareciam seguros até alguém me mostrar como um erro bobo pode virar um desastre — e o caso do ResumeLooters é exatamente isso. Em 2024, a *SecurityWeek*[54] publicou um alerta da Group-IB sobre um grupo que, entre novembro e dezembro de 2023, roubou mais de dois milhões de e-mails e dados pessoais de 65 sites, usando principalmente ataques de SQL injection. Eles miraram sites de varejo e recrutamento, pegando nomes, telefones, datas de nascimento e até históricos de emprego de candidatos.

O que me chamou atenção foi a simplicidade do ataque. O ResumeLooters usou ferramentas de código aberto para injetar comandos SQL maliciosos e sugar bancos de dados inteiros

— quase 2,2 milhões de linhas, mais de 500 mil delas de sites de emprego. Alguns ataques foram além, com scripts XSS escondidos em perfis falsos ou currículos, enganando administradores para roubar credenciais. Para evitar esse tipo de golpe, eu sempre digo: sanitize tudo que entra. Configure suas queries com parâmetros no backend — tipo PreparedStatement em Java ou bind_param em PHP — para bloquear injeções. E se trabalha com formulários, use uma Content Security Policy (CSP) no servidor para limitar scripts externos.

A Group-IB apontou que o grupo vendia esses dados em grupos de Telegram em chinês, atingindo sites na Ásia, mas também nos EUA, Brasil e outros lugares. Isso me lembra o quanto o direito de exclusão ou acesso fica comprometido quando os dados escapam — imagina um titular pedindo para apagar algo que já está no mercado ilegal? Uma lição que tirei disso é testar sempre suas defesas. Use ferramentas como o SQLMap [55] para simular ataques e ver onde seu sistema pode ceder. Outra ideia é criptografar dados pessoais no banco de dados com AES-256, então mesmo que vazem, viram só um monte de números sem sentido sem a chave. É um passo simples que salva muita dor de cabeça.

No fundo, esse caso mostra que atender os direitos dos titulares não é só responder pedidos — é impedir que eles precisem correr atrás do prejuízo. O ResumeLooters se aproveitou de "práticas ruins de gestão de banco de dados", como a Group-IB disse, e eu já vi isso em projetos: gente que deixa portas abertas por preguiça ou desconhecimento. Então, fica o recado: invista em segurança desde o início. Configure logs com algo como o ELK Stack para rastrear acessos estranhos e tenha um processo claro para excluir dados com velocidade quando pedirem. Proteger os dados dos titulares é mais do que cumprir a lei — é garantir que eles não virem alvo por causa de um erro nosso.

DEVSECOPS: INTEGRANDO SEGURANÇA NO CICLO DE DESENVOLVIMENTO

O DevSecOps é uma abordagem que integra segurança diretamente no ciclo de desenvolvimento de software, promovendo a colaboração entre desenvolvedores, equipes de operações e especialistas em segurança. Diferentemente dos métodos tradicionais, onde a segurança era tratada como um processo posterior ao desenvolvimento, o DevSecOps incorpora práticas de segurança desde a concepção até o deploy contínuo. Essa integração permite a detecção precoce de vulnerabilidades e a resposta rápida a ameaças emergentes, alinhando o ritmo acelerado de desenvolvimento com a necessidade de proteção robusta de sistemas e dados.

Em termos de infraestrutura, o DevSecOps enfatiza a automação para garantir que ambientes sejam configurados de maneira consistente e segura. Ferramentas como Terraform e Ansible ajudam a provisionar infraestrutura como código, permitindo que as configurações sejam versionadas e auditadas, reduzindo erros humanos. Serviços como o Cloudflare também oferecem proteção contra ataques DDoS, firewall para aplicativos web e otimização de tráfego, garantindo que a infraestrutura esteja protegida e operacional, mesmo sob condições adversas.

Nos modelos de nuvem, o impacto da privacidade e da segurança varia de acordo com o tipo de serviço utilizado: IaaS (Infraestrutura como Serviço), PaaS (Plataforma como Serviço) ou SaaS (Software como Serviço). No modelo IaaS, como o oferecido pela AWS ou Azure, a responsabilidade pela segurança dos dados e da infraestrutura recai em grande parte sobre o cliente, que deve implementar práticas como segmentação de redes e controles de acesso. No PaaS, onde o provedor gerencia a camada de aplicação e o cliente foca no desenvolvimento, é fundamental garantir que dados processados estejam criptografados e que APIs estejam protegidas contra acessos não autorizados. Já no SaaS, como o Google Workspace ou Salesforce, a privacidade é fortemente impactada pela forma como os dados são armazenados e compartilhados, exigindo que os provedores ofereçam configurações robustas de segurança e transparência.

Outro aspecto do DevSecOps é o monitoramento contínuo de vulnerabilidades em todos os níveis, desde o código até a infraestrutura. Ferramentas de varredura como Snyk e SonarQube identificam falhas em bibliotecas e dependências, enquanto serviços como o AWS GuardDuty monitoram atividades suspeitas em ambientes de nuvem. Essa abordagem proativa é complementada por pipelines de CI/CD seguros, onde cada etapa do deploy é auditada e sujeita a testes de segurança automatizados, garantindo que somente código seguro chegue ao ambiente de produção.

Durante o uso do sistema, os logs são ferramentas fundamentais para a operação e manutenção de sistemas, registrando informações sobre eventos, erros e atividades que ocorrem na infraestrutura de TI. Por exemplo, para funções como depuração, auditoria e monitoramento de segurança, os logs permitem que equipes identifiquem anomalias e solucionem problemas de forma eficiente. No entanto, os logs também representam um risco significativo para a privacidade quando não são configurados ou gerenciados adequadamente. Informações críticas, como credenciais de usuários, tokens de autenticação ou dados pessoais, podem ser armazenadas de forma incorreta, tornando-se vulneráveis a acessos não autorizados ou vazamentos. A implementação de práticas como sanitização de logs, mascaramento de dados e criptografia ajudam a equilibrar a utilidade operacional com a proteção da privacidade, garantindo que apenas informações relevantes e seguras sejam registradas e acessadas.

> Rogério era um gestor de infraestrutura experiente, conhecido por sua habilidade em manter grandes sistemas funcionando como relógios suíços. Ele liderava a equipe de TI de uma empresa de fintech chamada FinSecure, que oferecia soluções financeiras para milhares de clientes. A rotina era desafiadora, mas sob controle, até o dia em que uma notificação urgente chegou ao seu e-mail: um cliente havia solicitado detalhes sobre como seus dados estavam sendo tratados, e um auditor externo estava verificando a conformidade de privacidade da empresa.
>
> Rogério rapidamente convocou sua equipe para revisar os logs do sistema, uma prática comum para identificar possíveis pontos de atenção. Ao abrir os arquivos, algo chamou sua atenção: os logs estavam repletos de informações pessoais. Logins, endereços de e-mail e até dados de transações financeiras estavam sendo gravados de forma explícita nos registros. "Como isso passou despercebido?", pensou. Ele sabia que, se esses logs caíssem em mãos erradas, o impacto seria catastrófico tanto para os clientes quanto para a reputação da empresa.
>
> Determinado a resolver o problema, Rogério iniciou uma investigação para entender a origem dos dados nos logs. Descobriu que um dos sistemas de autenticação, implementado às pressas durante uma expansão da

plataforma, estava configurado para registrar todas as requisições e respostas completas em cada tentativa de login. Embora útil para depuração, essa configuração negligenciava totalmente a privacidade dos usuários. O código estava armazenando tokens de autenticação e credenciais em texto aberto, expondo dados críticos sem nenhuma camada de proteção.

Rogério trabalhou incansavelmente para corrigir a falha. Primeiro, instruiu a equipe a aplicar técnicas de sanitização nos logs, garantindo que apenas informações essenciais para monitoramento fossem registradas. Utilizando uma solução de gerenciamento de logs, como o ELK Stack, implementaram regras que mascaravam dados antes de serem gravados. Além disso, habilitaram a criptografia de ponta a ponta para os arquivos de log e restringiram rigorosamente o acesso aos registros, permitindo que apenas usuários autorizados pudessem visualizá-los.

Com as medidas implementadas, Rogério realizou uma auditoria completa no sistema para garantir que nenhuma outra funcionalidade estivesse expondo dados pessoais. Ao final, o auditor externo elogiou as ações tomadas pela equipe, destacando a rapidez e eficiência na mitigação do problema. Para Rogério, o incidente foi um alerta de que mesmo práticas comuns, como a geração de logs, poderiam se transformar em riscos significativos se a privacidade não fosse integrada à infraestrutura desde o início. Ele decidiu então adotar uma política de "privacidade por padrão" em todas as operações da empresa, garantindo que erros como esse nunca mais se repetissem.

O DevSecOps também transforma a cultura organizacional, promovendo a conscientização sobre segurança em todas as equipes envolvidas no desenvolvimento. Treinamentos regulares e simulações de incidentes ajudam a criar um mindset de segurança coletiva, onde cada membro da equipe entende seu papel na proteção de sistemas e dados. Essa abordagem tende a ajudar você em um cenário onde a complexidade dos sistemas e a sofisticação dos ataques estão em constante evolução, demandando soluções que sejam tanto técnicas quanto humanas.

PROTEÇÃO DE DADOS EM AMBIENTES DE NUVEM

Os modelos de serviço em nuvem — Infraestrutura como Serviço (IaaS), Plataforma como Serviço (PaaS) e Software como Serviço (SaaS) — apresentam implicações distintas para a privacidade e segurança dos dados, influenciando diretamente as responsabilidades de proteção. No IaaS, tipo AWS EC2 ou Azure Virtual Machines, o provedor cuida do hardware... mas quem manda no sistema operacional, nos apps e nos dados é você.. Isso exige que o engenheiro configure firewalls, segmente redes com VPCs (Virtual Private Clouds) e criptografe discos com ferramentas como AWS EBS encryption, já que a responsabilidade pela privacidade recai majoritariamente sobre o usuário. Por exemplo, um bucket S3 mal configurado com acesso público pode expor dados sensíveis, como aconteceu em incidentes reais de vazamento. Já no PaaS, como Google App Engine ou Heroku, o provedor assume mais camadas (SO e runtime), mas o cliente deve proteger os dados processados nas aplicações — APIs desprotegidas ou falta de criptografia em tráfego (ex.: TLS mal configurado) podem comprometer informações pessoais, demandando validação de endpoints. No SaaS, como Salesforce ou Google Workspace, o controle do cliente é mínimo, e a privacidade depende das políticas do provedor, como configurações de compartilhamento ou retenção de dados; aqui, o risco está em confiar cegamente no fornecedor sem revisar permissões ou habilitar MFA (autenticação multifator).

A escolha do modelo impacta diretamente as estratégias de conformidade. No IaaS, a flexibilidade permite implementar soluções personalizadas, como criptografia AES-256 em repouso e chaves gerenciadas por AWS KMS, mas exige esforço para auditar logs de acesso com ferramentas como CloudTrail, garantindo rastreabilidade de violações. No PaaS, a privacidade pode ser reforçada com boas práticas no desenvolvimento, como sanitizar entradas para evitar injeções de dados e usar variáveis de ambiente para credenciais, mas o engenheiro deve monitorar dependências de terceiros que podem introduzir vulnerabilidades — um caso comum é o uso de bibliotecas desatualizadas em contêineres Docker. Já no SaaS, a segurança depende de configurações fornecidas, como restringir acesso a documentos no Google Drive ou definir políticas de exclusão automática, mas a falta de transparência sobre onde os dados são armazenados (ex.: jurisdições fora da UE) pode complicar a conformidade com transferências internacionais. Em todos os modelos, a integração de ferramentas como AWS GuardDuty ou Azure Security Center para monitoramento contínuo é um passo importante, mas o nível de controle e responsabilidade varia, exigindo que o engenheiro adapte as práticas de privacidade ao modelo escolhido, sempre priorizando o princípio de minimização e a proteção proativa.

Ao configurar *buckets* de armazenamento, cuide para restringir o acesso público, definindo permissões específicas para cada usuário ou aplicação que necessite interagir com esses recursos. Além disso, é recomendável habilitar logs de acesso e implementar políticas de versionamento, garantindo que qualquer alteração nos dados possa ser rastreada e revertida. Bancos de dados devem ser configurados com autenticação forte, como o uso de certificados digitais, e localizados em sub-redes privadas, separadas do acesso público à internet. Máquinas virtuais, por sua vez, devem ser associadas a grupos de segurança com regras de entrada e saída restritas, minimizando a exposição a portas desnecessárias.

Outro aspecto importante da configuração envolve o uso de *firewalls* e redes virtuais privadas para proteger a comunicação entre serviços. Implementar restrições baseadas em IP ou localizações geográficas para o acesso remoto é uma prática que reduz significativamente o risco de acessos não autorizados. Soluções como VPNs ou serviços de private link podem ser utilizados para conectar recursos sensíveis de forma segura, enquanto o uso de sistemas operacionais e aplicações atualizadas reduz a superfície de ataque. Configurações padrão devem ser revisadas imediatamente após o provisionamento dos recursos, garantindo que apenas as funcionalidades estritamente necessárias estejam habilitadas.

A criptografia de dados na nuvem é indispensável para garantir a confidencialidade e integridade das informações, tanto em repouso quanto em trânsito. No caso de dados em repouso, o uso de tecnologias de criptografia nativas dos provedores de nuvem, como AES-256, protege os dados armazenados em discos, bancos de dados ou buckets. O gerenciamento seguro de chaves de criptografia é outro ponto crítico. Ferramentas como AWS KMS, Azure Key Vault e Google Cloud KMS permitem que as chaves sejam gerenciadas de forma centralizada, oferecendo controle detalhado sobre quem pode acessar e utilizar essas chaves, além de funcionalidades de rotação automática e geração de logs de uso.

Para dados em trânsito, a comunicação entre clientes e servidores deve ser protegida por meio de protocolos seguros, como TLS (Transport Layer Security). A configuração correta de certificados digitais e a habilitação de HTTPS em todas as interfaces públicas ajudam a prevenir ataques de interceptação. Além disso, é importante verificar regularmente se os certificados são válidos e estão atualizados. No caso de serviços que dependem de APIs, a aplicação de criptografia de payloads e autenticação forte na comunicação entre componentes contribui para um ambiente mais seguro.

O controle de acesso e a gestão de identidades são essenciais para proteger recursos na nuvem contra acessos não autorizados. A implementação de políticas de IAM (Identity and Access Management) permite que o acesso seja concedido com base no princípio do menor privilégio, garantindo que usuários e aplicações tenham apenas as permissões necessárias para desempenhar suas funções. Políticas baseadas em funções, conhecidas como RBAC (Role-Based Access Control), ajudam a organizar e simplificar a atribuição de permissões, enquanto políticas baseadas em atributos (ABAC) podem ser usadas para cenários mais complexos.

Outro elemento importante é a habilitação de autenticação multifator (MFA) para todos os usuários que acessam os recursos críticos na nuvem. Isso adiciona uma camada extra de segurança, dificultando ataques baseados em credenciais comprometidas. O uso de identidades federadas para integrar sistemas externos e permitir a autenticação única (SSO) também pode reduzir a complexidade e aumentar a segurança. Além disso, a rotação periódica de credenciais e chaves de acesso programático, aliada ao monitoramento contínuo de logs de autenticação, ajuda a mitigar riscos associados a práticas inadequadas de gerenciamento de identidades.

O monitoramento e a auditoria de atividades são indispensáveis para detectar e responder a incidentes de segurança em ambientes de nuvem. Ferramentas como AWS CloudTrail, Azure Monitor ou Google Cloud Operations Suite oferecem visibilidade detalhada sobre acessos e alterações nos recursos. Essas ferramentas registram atividades como tentativas de login, modificações em políticas de segurança e interações com APIs, permitindo que administradores identifiquem padrões de uso suspeitos ou não autorizados.

A análise desses logs deve ser automatizada sempre que

possível, utilizando alertas configuráveis para identificar comportamentos anômalos em tempo real. A integração com sistemas de gerenciamento de eventos e informações de segurança (SIEM), como Splunk ou Elastic Security, pode consolidar informações de várias fontes, fornecendo uma visão centralizada das atividades e acelerando a resposta a incidentes. Auditorias regulares das permissões e configurações também são recomendadas para garantir que não ocorram desvios de configuração ao longo do tempo.

A proteção contra vazamentos e configurações inseguras requer uma abordagem proativa para identificar vulnerabilidades e corrigir problemas antes que sejam explorados. Soluções como AWS Macie, Azure Security Center ou Google Security Command Center utilizam aprendizado de máquina para detectar comportamentos anômalos e localizar dados sensíveis armazenados de maneira inadequada. Esses serviços podem ajudar a identificar configurações públicas inadvertidas, como buckets de armazenamento expostos ou permissões excessivamente amplas em bancos de dados.

Além disso, é fundamental implementar mecanismos de prevenção de perda de dados (DLP), configurando regras que monitoram o tráfego e bloqueiam o compartilhamento não autorizado de informações. Ferramentas de segurança também podem ser configuradas para verificar regularmente as configurações de todos os recursos na nuvem, emitindo alertas ou corrigindo automaticamente vulnerabilidades detectadas. Isso garante uma camada extra de proteção e ajuda a manter a integridade do ambiente ao longo do tempo.

Por fim, realizar as ações de hardening são importantes. Hardening é o processo de fortalecer a segurança de sistemas, servidores, redes e aplicações, reduzindo a superfície de ataque e minimizando vulnerabilidades exploráveis. Ele envolve a aplicação de práticas e configurações, como desabilitar serviços e portas desnecessários, remover contas padrão ou desatualizadas, configurar permissões de acesso restritas e aplicar atualizações de segurança regularmente. Além disso, hardening inclui a implementação de políticas como autenticação multifator, criptografia de dados e logs de auditoria para rastreamento de atividades. Ferramentas automatizadas, como Ansible ou Chef, podem ser utilizadas para padronizar e automatizar o hardening em larga escala, garantindo consistência e conformidade em ambientes complexos. O objetivo final é criar uma base segura, reduzindo ao máximo o impacto de possíveis ameaças internas e externas.

TÉCNICAS DE OFUSCAÇÃO DE DADOS PARA AMBIENTES DE TESTE

A ofuscação de dados é o processo de modificar dados para torná-los irreconhecíveis ou inutilizáveis para partes não autorizadas, mantendo, sempre que possível, sua utilidade para finalidades específicas, como testes e desenvolvimento. Esse conceito é especialmente importante em ambientes de TI onde dados de produção não podem ser expostos em ambientes menos seguros, como ambientes de teste ou desenvolvimento. A ofuscação atua como uma camada de proteção ao ocultar dados críticos, reduzindo os riscos de violação e permitindo o uso seguro em simulações ou treinamentos de sistemas.

> Em uma manhã ensolarada, Sofia, uma engenheira de dados reconhecida por sua criatividade, foi chamada para uma reunião de emergência na TechSecure, a empresa de tecnologia onde trabalhava. O motivo? Um vazamento de dados catastrófico em um ambiente de teste havia comprometido dados de milhares de usuários. Os dados incluíam nomes, endereços, números de cartão de crédito e até históricos médicos. Tudo porque um analista, com pressa de finalizar um projeto, usou dados de produção sem nenhuma camada de proteção.

O impacto foi devastador. A imprensa noticiava o incidente como "um dos maiores descuidos tecnológicos do ano". A confiança dos clientes despencou, e Sofia sabia que sua equipe tinha a responsabilidade de consertar o erro. Durante a reunião, enquanto alguns sugeriam suspender o uso de dados, Sofia não quis só apagar o fogo: ela sugeriu virar o jogo, mudando de vez como a empresa mexia com os dados, incorporando técnicas avançadas de ofuscação.

Sofia iniciou uma força-tarefa. Primeiro, ela identificou todos os pontos vulneráveis nos pipelines de dados. Descobriu que, frequentemente, os desenvolvedores tinham acesso irrestrito às bases de produção. Em resposta, implementou um sistema de mascaramento que substitui dados reais por valores fictícios. Um nome como "Carlos Silva" virava "João Ferreira", mas o formato e a qualidade eram mantidos, permitindo testes sem riscos.

Para as informações mais críticas, como números de cartão de crédito, Sofia adotou a tokenização. Ela utilizou um cofre digital altamente seguro para armazenar os dados originais e gerou tokens únicos para uso em sistemas de teste. Esses tokens eram irreversíveis no ambiente de desenvolvimento, garantindo que ninguém pudesse reverter a proteção.

Sofia também configurou um pipeline ETL com Python e a biblioteca Faker: fake.name() gerava nomes fictícios como 'João Ferreira' em vez de 'Carlos Silva'. Para tokenização, integrou um cofre HashiCorp Vault.

Mas não foi fácil. A equipe enfrentou resistência. Alguns desenvolvedores reclamaram que os dados ofuscados eram menos "práticos" para testes. Sofia, com paciência, organizou workshops para mostrar como essas técnicas protegiam a privacidade dos usuários sem comprometer a qualidade do trabalho. Aos poucos, a cultura começou a mudar. A equipe passou a ver a proteção de dados como um elemento de inovação, não um obstáculo.

> Um ano depois, TechSecure não só se recuperou como se tornou referência em segurança de dados. Outras empresas buscavam Sofia para implementar soluções semelhantes. A experiência mostrou que a ofuscação de dados não é apenas uma técnica, mas uma demonstração de respeito e compromisso com os usuários. Para Sofia, o verdadeiro sucesso veio quando um jovem estagiário lhe disse: "Antes, eu só queria terminar os projetos rápido. Agora, entendo que cada linha de código pode proteger vidas."

Embora muitas vezes confundida com anonimização e pseudonimização, a ofuscação possui um objetivo mais amplo, centrado na segurança de contextos específicos. A anonimização remove a identificação do titular de forma permanente, impossibilitando a reversão, enquanto a pseudonimização substitui identificadores diretos por indiretos, mantendo a possibilidade de reidentificação mediante acesso controlado. A ofuscação, por sua vez, pode englobar ambas, dependendo das técnicas utilizadas, mas é geralmente focada em cenários temporários e controlados.

Existem diversas formas de fazer a ofuscação em diferentes linguagens de programação. A Faker é uma biblioteca open-source em Python amplamente utilizada para gerar dados fictícios realistas. Ela foi projetada para criar informações sintéticas que imitam dados reais, como nomes, endereços, números de telefone, e-mails, números de identificação, entre outros, sem expor dados pessoais. É particularmente útil em cenários de desenvolvimento e teste, onde é necessário preencher bancos de dados ou simular interações realistas sem violar a privacidade.

A título de exemplo, abaixo demonstro como seria um código-fonte com foco em ofuscação utilizando a biblioteca Faker. Coloquei alguns comentários no código para facilitar o entendimento para você buscar técnicas semelhantes para a sua realidade.

```
from faker import Faker
import random

# Inicializa o Faker com um locale genérico (inglês americano por exemplo)
fake = Faker('en_US')

# Dados originais fictícios para simular um registro real
dados_originais = {
    "nome": "John Doe",
    "email": "john.doe@example.com",
    "id_number": "123-45-6789",  # Formato similar a um SSN (EUA)
    "telefone": "+1-202-555-1234"
}

# Função para mascarar os dados
def mascarar_dados(dados):
    dados_mascarados = {}

    # Mascarar o nome com um nome fictício gerado pela Faker
    dados_mascarados["nome"] = fake.name()

    # Mascarar o e-mail com um e-mail fictício
    dados_mascarados["email"] = fake.email()

    # Mascarar o número de identificação (ex.: SSN-like) com um número gerado
    # Mantendo o formato XXX-XX-XXXX
    id_mascarado = f"{random.randint(100, 999)}-{random.randint(10, 99)}-{random.randint(1000, 9999)}"
    dados_mascarados["id_number"] = id_mascarado

    # Mascarar o telefone com um número fictício no formato internacional
```

```
    dados_mascarados["telefone"] = fake.phone_number()

    return dados_mascarados

# Aplicar o mascaramento
dados_mascarados = mascarar_dados(dados_originais)

# Exibir resultados
print("Dados Originais:")
for chave, valor in dados_originais.items():
    print(f"{chave}: {valor}")

print("\nDados Mascarados:")
for chave, valor in dados_mascarados.items():
    print(f"{chave}: {valor}")

# Exemplo de saída possível:
# Dados Originais:
# nome: John Doe
# email: john.doe@example.com
# id_number: 123-45-6789
# telefone: +1-202-555-1234
#
# Dados Mascarados:
# nome: Emily Johnson
# email: michael77@example.org
# id_number: 547-82-1934
# telefone: 1-832-555-9876
```

O mascaramento de dados é uma das técnicas mais utilizadas, substituindo os dados que podem identificar alguém por valores fictícios, mas que preservam características estruturais e semânticas. Por exemplo, um nome real pode ser substituído por um nome fictício gerado por algoritmos que respeitam padrões culturais e linguísticos. Esse método é altamente eficiente em ambientes de teste que exigem dados plausíveis para simular interações reais, sem comprometer a privacidade.

A tokenização é outra abordagem poderosa, que substitui dados pessoais por identificadores únicos chamados tokens. Esses tokens são gerados e gerenciados de forma segura, enquanto os dados originais permanecem em um ambiente altamente controlado, como um cofre de dados. Isso permite que sistemas de teste processem os tokens sem ter acesso aos dados originais, adicionando uma camada significativa de proteção.

A randomização utiliza valores aleatórios para substituir os dados originais, quebrando qualquer possibilidade de associação com os titulares. Por exemplo, em um banco de dados contendo endereços, cada endereço pode ser substituído por um código gerado aleatoriamente. Já o shuffling reorganiza os valores dentro de um conjunto de dados, preservando a plausibilidade, mas eliminando as correlações diretas. Por exemplo, embaralhar endereços entre diferentes registros.

Ferramentas como Delphix e IBM InfoSphere Optim oferecem soluções para ofuscação de dados, permitindo mascaramento, tokenização e outras técnicas com alta eficiência. Ferramentas open-source como ARX também são populares para projetos de menor escala. Linguagens como Python oferecem bibliotecas como Faker, que gera dados fictícios realistas para cenários específicos, e Java também possui bibliotecas amplamente utilizadas para esse fim, como o Apache Commons Text, JFairy e OpenPseudonymiser.

Integrar a ofuscação em pipelines de ETL é importante para garantir que os dados sejam tratados antes de entrarem em ambientes de teste. Automação no processo de ofuscação reduz a intervenção manual, garantindo consistência e minimizando erros humanos. Isso pode ser feito utilizando scripts personalizados ou ferramentas dedicadas integradas ao fluxo de processamento de dados.

A geração de dados sintéticos é uma alternativa avançada para substituir completamente dados reais em testes. Utilizando algoritmos de machine learning, é possível criar conjuntos de dados que replicam padrões e comportamentos dos dados originais sem expor os mesmos. Isso é especialmente útil em cenários complexos que demandam grandes volumes de dados.

Após a ofuscação, valide a qualidade dos dados processados. Isso inclui garantir que os dados mantêm consistência, integridade referencial e utilidade para testes. Ferramentas automatizadas e validações manuais ajudam a detectar problemas que poderiam comprometer a funcionalidade ou a eficácia dos testes.

A aplicação de ofuscação varia entre setores. No setor financeiro, é utilizada para proteger dados de clientes em simulações de crédito; na saúde, para anonimizar prontuários médicos usados em pesquisa. A adoção de melhores práticas, como documentar processos e evitar ofuscação excessiva que torne os dados inúteis vai lhe ajudar a equilibrar privacidade e funcionalidade do seu projeto.

USO DE APIS DE TERCEIROS

O uso de APIs de terceiros é uma prática comum no desenvolvimento de software moderno, permitindo a integração de funcionalidades avançadas sem a necessidade de criar soluções do zero. No entanto, a incorporação dessas APIs exige atenção especial à segurança, uma vez que elas podem introduzir vulnerabilidades se não forem devidamente avaliadas e monitoradas. É fundamental verificar a reputação do fornecedor, analisar a documentação de segurança e garantir que a API esteja em conformidade com os padrões de proteção de dados e boas práticas de desenvolvimento.

Uma das principais preocupações ao utilizar APIs de terceiros é a exposição de dados sensíveis. Muitas vezes, essas APIs exigem o compartilhamento de informações críticas, como tokens de autenticação ou dados pessoais, o que pode representar um risco se a comunicação não for adequadamente criptografada. Por isso, implemente mecanismos de segurança, como o uso de protocolos HTTPS e a validação de certificados digitais, para garantir que os dados trafeguem de forma segura entre os sistemas.

Além disso, a atualização e manutenção das APIs de terceiros são aspectos que demandam atenção contínua. Fornecedores podem lançar novas versões para corrigir vulnerabilidades ou melhorar a funcionalidade, e é responsabilidade da equipe de desenvolvimento garantir que as integrações estejam sempre atualizadas. A falta de atualizações pode resultar em brechas de segurança, especialmente se a API em questão for descontinuada ou deixar de receber suporte técnico.

Para consultar as CVE's (Common Vulnerabilities and Exposures), o desenvolvedor deve acessar bases de dados confiáveis, como o site oficial do CVE Mitre[56] ou o NVD[57], que detalham vulnerabilidades conhecidas. Utilize identificadores CVE específicos ou palavras-chave relacionadas às tecnologias que você está utilizando, como bibliotecas, frameworks ou sistemas operacionais. Mantenha-se atualizado com feeds RSS ou alertas automatizados para monitorar novas vulnerabilidades que possam afetar suas dependências. Além disso, integre ferramentas de análise de vulnerabilidades, como OWASP Dependency-Check ou Snyk, ao seu pipeline de desenvolvimento para identificar e corrigir falhas de segurança de forma proativa.

Outro ponto crítico é a avaliação do impacto que uma API de terceiros pode ter no desempenho e na estabilidade do sistema. APIs mal projetadas ou com problemas de escalabilidade podem comprometer a experiência do usuário e até mesmo causar falhas em cascata. Por isso, é recomendável realizar testes rigorosos, incluindo avaliações de carga e segurança, antes de integrar uma API ao ambiente de produção.

Por fim, é importante estabelecer contratos com os fornecedores de APIs, definindo responsabilidades em caso de violações de segurança ou interrupções no serviço. A transparência nas políticas de privacidade e segurança do fornecedor, bem como a existência de um plano de resposta a incidentes, são fatores que devem ser considerados ao escolher uma API de terceiros, pois o que interessa nesses casos é minimizar ou eliminar riscos e garantir que o uso dessas ferramentas contribua para a segurança e eficiência do software desenvolvido.

Imaginemos um cenário que serve como um alerta para todas as equipes de engenharia de software. Em 2022, a Meta Platforms Ireland Limited, controladora do Facebook, enfrentou uma multa[58] de €265 milhões aplicada pela Comissão de Proteção de Dados da Irlanda. O motivo? Uma falha em suas ferramentas de importação de contatos no Facebook e Instagram, que resultou na extração não autorizada de dados pessoais de mais de 500 milhões de usuários, disponibilizados posteriormente na internet.

A investigação revelou que, entre maio de 2018 e setembro de 2019, as ferramentas de importação de contatos permitiram que terceiros obtivessem informações pessoais dos usuários sem consentimento adequado. Essa violação destacou a importância de incorporar medidas de proteção de dados desde a fase de design e por padrão.

Para as equipes de engenharia de software, esse incidente reforça a necessidade de implementar medidas de segurança e privacidade desde o início do desenvolvimento de qualquer ferramenta ou funcionalidade. A falta disso não apenas compromete a confiança dos usuários, mas também pode resultar em penalidades financeiras e danos à reputação da empresa.

O Caso CrowdStrike: Quando uma API Expõe Mais do que Deveria

Eu já integrei APIs de terceiros em projetos achando que estava tudo sob controle, até ver casos como o que aconteceu com a CrowdStrike em 2024 me fazerem repensar. Um hacker chamado USDoD, conhecido por vazamentos como o do InfraGard do FBI, raspou e publicou uma lista de 103 mil linhas de Indicadores de Compromisso (IoCs) da CrowdStrike, direto do *Falcon portal*, em um fórum chamado Breach Forums. Era um arquivo CSV de 53MB com hashes, detalhes do malware Mispadu e até táticas do grupo SAMBASPIDER — dados que empresas usam para se proteger, mas que caíram nas mãos erradas. Isso me fez perceber o quanto confiar em APIs externas pode virar um risco se você não ficar de olho.

Mas, veja como esse vazamento aconteceu. A CrowdStrike disse que não houve brecha nos seus sistemas, mas que os dados estavam disponíveis para "dezenas de milhares" de clientes e parceiros via API ou portal. O USDoD simplesmente raspou tudo, provavelmente com um script que puxou linha por linha de uma interface pública ou mal protegida. Para quem usa APIs de terceiros, como eu já fiz muitas vezes, a dica é clara: limite o acesso. Configure chaves de API com permissões mínimas — no caso da CrowdStrike, eles podiam ter usado autenticação por token com expiração curta ou cotas de requisição. Um rate limiting simples, tipo 100 chamadas por hora, já teria dificultado essa raspagem massiva.

A lista vazada tinha de tudo: hashes MD5, SHA-1 e SHA-256, fases de ataque como "Delivery" e "Installation", e até técnicas MITRE ATT&CK como captura de credenciais. Eu olho isso e penso: se você depende de uma API de terceiros para threat intelligence, como a do CrowdStrike, precisa auditar o que ela devolve. Use ferramentas como o Postman para testar as chamadas e veja se os dados sensíveis estão muito expostos.

PRIVACIDADE EM DISPOSITIVOS IOT (INTERNET DAS COISAS)

O crescimento exponencial de dispositivos IoT trouxe avanços significativos em diversas áreas, como saúde, transporte e automação residencial. No entanto, essa conectividade também gerou preocupações críticas sobre privacidade. Muitos dispositivos IoT coletam dados sensíveis, como localização, padrões de uso e informações biométricas, sem transparência para os usuários. Garantir a privacidade desses dispositivos requer uma abordagem que combine design centrado no usuário, práticas de segurança robustas e conformidade com normas técnicas que protejam dados durante toda a sua jornada, desde a coleta até o armazenamento.

A criptografia é uma das principais camadas de proteção de comunicações entre dispositivos IoT. Protocolos seguros como TLS e DTLS são frequentemente utilizados para estabelecer canais criptografados, protegendo os dados contra interceptações durante a transmissão. Além disso, o uso de chaves assimétricas para autenticação inicial e renovação periódica dessas chaves ajuda a mitigar ataques de intermediários. Dispositivos IoT com recursos limitados, como sensores pequenos, podem adotar algoritmos leves, como o ECC (Elliptic Curve Cryptography), que oferecem alto nível de segurança com baixa demanda computacional.

O gerenciamento de consentimento em ambientes IoT é um desafio único, pois muitos dispositivos não possuem interfaces tradicionais, como telas ou navegadores. Para resolver essa questão espera-se que os fabricantes desenvolvam métodos alternativos de consentimento, como interfaces em aplicativos móveis ou comandos de voz. Além disso, deve-se garantir que os usuários possam entender claramente quais dados estão sendo coletados, para que serão usados e com quem serão compartilhados. Ferramentas de gerenciamento de consentimento podem ser integradas a plataformas de IoT para dar aos usuários controle contínuo sobre suas preferências.

Vulnerabilidades em dispositivos IoT são uma ameaça constante, com exemplos notórios como ataques de botnets que exploraram dispositivos mal configurados para realizar ataques DDoS massivos. Problemas comuns incluem credenciais padrão não alteradas, falta de atualizações de firmware e comunicações desprotegidas. Mitigar essas vulnerabilidades exige medidas proativas, como exigir mudanças de senha no primeiro uso, habilitar atualizações automáticas de software e implementar autenticação multifator para acessos administrativos. Testes regulares de penetração e análises de segurança devem ser realizados para identificar e corrigir fraquezas antes que sejam exploradas.

Por fim, a privacidade em dispositivos IoT depende não apenas de tecnologias, mas também de uma conscientização maior por parte dos fabricantes e usuários. Empresas devem adotar uma abordagem de privacidade por design, minimizando a coleta de dados e armazenando apenas o necessário. Para os usuários, a educação sobre como configurar dispositivos com segurança e revisar permissões regularmente, com certeza, vai reduzir riscos no seu projeto. Em um mundo cada vez mais conectado, a privacidade nos dispositivos IoT é tanto uma responsabilidade coletiva quanto uma questão técnica.

O Caso dos Pacemakers Hackeados: APIs e o Risco ao Coração

Eu sempre achei fascinante como APIs de terceiros podem conectar sistemas, mas nunca imaginei que isso poderia chegar ao ponto de mexer com o coração de alguém — literalmente. Um artigo[59], de Aditya Kapoor e colegas, me fez pensar nisso ao lembrar um episódio de *Homeland* de 2012, onde um hacker mata o vice-presidente dos EUA acelerando seu marca-passo sem fio. Parece ficção, mas especialistas em segurança, como os citados por Kapoor em um estudo de 2020, mostram que dispositivos médicos implantáveis, ou CIEDs, como marca-passos e desfibriladores, estão vulneráveis a ataques via APIs ou conexões sem fio. Em 2007, o cardiologista de Dick Cheney desligou o Wi-Fi do marca-passo dele por medo disso — e eu entendo o porquê: APIs mal protegidas podem abrir portas que ninguém quer ver escancaradas.

O que me preocupou foi saber como esses dispositivos dependem de APIs para enviar dados a médicos via Bluetooth ou Wi-Fi. O estudo explica que CIEDs modernos usam RF-link ou até smartphones para transmitir informações como status do dispositivo ou eventos cardíacos, muitas vezes por APIs de terceiros em monitores domésticos ou sistemas hospitalares. Só que essas conexões não têm atualizações de segurança regulares — diferente do seu celular —, porque qualquer mudança exige recertificação pela FDA ou outras agências em cada país. Já vi APIs de terceiros em projetos onde a segurança era um calcanhar de Aquiles, então minha dica é clara: restrinja o acesso. Use autenticação forte, como OAuth 2.0 com tokens de curta duração, e configure firewalls para bloquear chamadas fora de uma rede confiável. Isso corta o risco de alguém interceptar dados ou comandos com um rádio definido por software (SDR), como os hackers já testaram em laboratórios.

Neste caso do artigo, especialistas usaram hardware simples e manuais dos dispositivos para assumir o controle ou roubar dados, enquanto Kapoor detalha ataques como "battery drain" ou manipulação de telemetria que poderiam desligar um marca-passo. Eu já integrei APIs achando que o fornecedor cuidava de tudo, mas esse caso mostra que não dá para confiar cegamente. Uma prática que eu recomendo é criptografar tudo que passa pela API — use TLS 1.3 para dados em trânsito e AES-256 para os armazenados localmente. Outra ideia é logar cada interação, assim você vê se alguém está tentando sessões infinitas para drenar a bateria ou acessar onde não deve. É o mínimo para proteger os dados que esses dispositivos enviam.

No fim, usar APIs de terceiros em algo tão crítico quanto um CIED exige mais do que só plugar e rodar. A FDA, em 2013, disse que não havia ataques reais ainda, mas casos como o recall de marca-passos da St. Jude em 2016, após testes mostrarem vulnerabilidades, e os ajustes no Medtronic CareLink em 2018, me dizem que o risco está aí. Eu já passei por projetos onde subestimei a segurança de APIs, mas agora vejo que precisamos ser proativos: configure atualizações manuais seguras via USB, como a Medtronic fez, e monitore redes com ferramentas como Wireshark para pegar qualquer tráfego estranho. Assim, você garante que os dados dos pacientes — e até suas vidas — não fiquem nas mãos de quem não deveria chegar perto.

PRIVACIDADE EM APLICAÇÕES DE INTELIGÊNCIA ARTIFICIAL E MACHINE LEARNING

A privacidade em aplicações de inteligência artificial e machine learning tornou-se um tema central, à medida que esses modelos processam grandes volumes de dados pessoais. Os algoritmos de aprendizado de máquina frequentemente dependem de conjuntos de dados amplos e detalhados para oferecer precisão, mas esse volume de informações aumenta o risco de vazamentos e violações de privacidade. Proteger dados em todas as etapas do ciclo de vida da IA, desde a coleta até a inferência, requer estratégias que equilibrem o desempenho dos modelos com a preservação da privacidade dos usuários.

Uma das soluções que já comentei aqui é o uso de privacidade diferencial que acaba sendo amplamente utilizada em modelos de machine learning para proteger os dados durante o treinamento. Esse método adiciona ruído matematicamente calculado aos dados ou às saídas dos algoritmos, de forma que os resultados permaneçam úteis para análise agregada, mas não revelem informações específicas de um indivíduo. Implementar privacidade diferencial em um modelo requer a definição de parâmetros, como o nível de ruído e o orçamento de privacidade, que controlam a quantidade de proteção oferecida sem comprometer a utilidade do modelo.

Técnicas de anonimização e pseudonimização são muito utilizadas para preparação de datasets de treinamento para IA. A anonimização remove informações que possam identificar diretamente ou indiretamente um indivíduo, enquanto a pseudonimização substitui identificadores por códigos ou tokens, mantendo a possibilidade de reidentificação sob condições controladas. Essas práticas reduzem significativamente os riscos associados a vazamentos, mas devem ser combinadas com outras medidas, como criptografia e controle de acesso, para oferecer uma proteção ampla.

Os riscos de vazamento de dados em modelos de IA são variados e podem ocorrer em diferentes etapas. Ataques como membership inference podem explorar modelos treinados para determinar se um determinado registro fazia parte do conjunto de treinamento. Para mitigar esses riscos, limite o acesso a dados de treinamento, aplicar técnicas como privacidade diferencial durante o desenvolvimento do modelo e realizar testes regulares para identificar possíveis vulnerabilidades nos algoritmos ou no ambiente de implantação.

Ferramentas e frameworks projetados para incorporar privacidade em IA são aliados indispensáveis nesse contexto. Soluções como o TensorFlow Privacy e o PySyft ajudam a implementar privacidade diferencial e aprendizado federado, enquanto bibliotecas como o Opacus, da Meta, facilitam a integração de medidas de privacidade em pipelines de machine learning. Essas ferramentas permitem que equipes de desenvolvimento protejam os dados sem a necessidade de reescrever modelos inteiros, promovendo um ambiente de IA mais seguro e confiável.

No contexto da IA, o AI Act, regulamentação proposta pela União Europeia para inteligência artificial, traz implicações diretas para a privacidade em aplicações de IA e machine learning. A legislação classifica os sistemas de IA conforme seu nível de risco, impondo requisitos para aqueles que lidam com dados pessoais sensíveis. Modelos utilizados para decisões automatizadas, como análise de crédito e recrutamento, precisarão garantir transparência, explicabilidade e mitigação de vieses. Além disso, o AI Act reforça a necessidade de adoção de técnicas de privacy by design, exigindo que sistemas de IA incorporem salvaguardas de privacidade desde a concepção, incluindo auditorias regulares e registros detalhados sobre o uso de dados. Essa abordagem busca equilibrar inovação e proteção dos direitos fundamentais, criando um ambiente mais seguro para o desenvolvimento e aplicação de tecnologias de IA.

A interação entre o AI Act e o GDPR levanta questões sobre possíveis ambiguidades legais[60]. Embora ambos compartilhem princípios como transparência e responsabilidade, diferem em escopo e abordagem. O GDPR foca na proteção de dados pessoais, enquanto o AI Act adota uma perspectiva mais ampla, abordando também aspectos como a proteção ambiental e o estado de direito. Essa sobreposição pode resultar em incertezas jurídicas, especialmente quando sistemas de IA processam dados pessoais, exigindo uma coordenação eficaz entre as duas regulamentações.

Uma área específica de potencial conflito é o tratamento de dados sensíveis. O GDPR geralmente proíbe o processamento desses dados, exceto sob circunstâncias específicas. Contudo, o AI Act introduz uma exceção que permite o uso de dados sensíveis para monitoramento e correção de vieses em sistemas de IA de alto risco, desde que medidas de salvaguarda apropriadas sejam implementadas. Essa discrepância pode gerar desafios na interpretação e aplicação das leis, aumentando a necessidade de orientações claras para evitar incertezas legais.

Esse é um dos grandes desafios enfrentados pela União Europeia, mas a complexidade não se limita ao bloco. Em todo o mundo, regulamentações complementares sobre IA estão exigindo uma abordagem integrada entre engenharia jurídica e técnica para garantir conformidade sem sufocar a inovação. O equilíbrio entre proteção de dados, transparência e desenvolvimento tecnológico auxilia na criação de um ambiente regulatório que proteja os direitos dos indivíduos sem impedir o avanço da inteligência artificial.

BLOCKCHAIN : PRIVACIDADE E IMUTABILIDADE

Blockchain, em sua essência, é uma estrutura descentralizada e imutável que registra transações em blocos interligados por criptografia. Cada bloco contém um conjunto de transações, um timestamp e um hash do bloco anterior, garantindo a integridade e a continuidade do sistema. A tecnologia ganhou notoriedade com o Bitcoin, mas seus usos vão além de criptomoedas, incluindo contratos inteligentes, rastreamento de cadeias de suprimentos e identidades digitais. O design distribuído reduz a necessidade de intermediários, ao mesmo tempo que aumenta a transparência e a resistência contra alterações maliciosas.

Imagine um grupo de empresas multinacionais que precisam trocar informações críticas diariamente, documentos de contratos, registros de produção, dados financeiros. Cada empresa tem seu próprio sistema, suas próprias regras, e a troca dessas informações sempre gerou conflitos. Uma acusação comum era: "Vocês alteraram os dados!" ou "Isso não foi o que combinamos!"

Para resolver esse problema, um consórcio dessas empresas decidiu adotar uma abordagem radicalmente nova: criar um registro distribuído. Não haveria um servidor central para controlar as informações. Em vez disso, todos teriam acesso ao mesmo registro, mas com uma estrutura única que garantiria que ele fosse imutável e transparente.

O sistema funcionava assim: cada vez que uma transação acontecia, como a entrega de um lote de componentes eletrônicos, a informação era transformada em um bloco de dados. Esse bloco continha não apenas os detalhes da transação, mas também uma espécie de "impressão digital", um código gerado matematicamente chamado hash. Esse hash não era apenas uma marca única do bloco atual; ele também estava conectado ao hash do bloco anterior, formando uma cadeia, uma blockchain.

Uma característica fascinante desse sistema era que qualquer tentativa de alterar um bloco antigo quebraria a cadeia imediatamente. Por exemplo, se alguém tentasse mudar a quantidade de componentes entregues em uma transação passada, o hash do bloco alterado mudaria, invalidando todos os blocos subsequentes. E como cada empresa tinha sua própria cópia da cadeia, qualquer discrepância seria imediatamente detectada.

No início, algumas empresas desconfiaram. "Como podemos garantir que ninguém controle esse sistema?", perguntaram. Foi aí que a arquitetura descentralizada brilhou: o consenso era a chave. Sempre que um novo bloco era adicionado, a maioria das empresas precisava validar a transação com base em regras pré-estabelecidas. Se a maioria concordasse, o bloco era adicionado à cadeia. Não havia poder centralizado, e as decisões eram baseadas em matemática e criptografia, não em confiança cega.

Com o tempo, o sistema se mostrou incrivelmente eficiente. Contratos inteligentes foram adicionados à blockchain, automatizando processos como pagamentos e entregas. Um contrato podia ser programado para liberar o pagamento automaticamente quando os sensores confirmassem a entrega dos componentes. Era rápido, seguro e transparente.

> Mas o impacto não se limitava à eficiência operacional. As empresas perceberam que o sistema as obrigava a trabalhar de forma mais ética. Não havia como adulterar relatórios de produção ou esconder falhas nas entregas sem que todos notassem. A blockchain não apenas registrava transações; ela criava um ambiente onde a confiança era garantida pela tecnologia.
>
> Essa história não é um conto de ficção científica; é uma transformação real que está acontecendo em diversos setores, desde a indústria financeira até cadeias de suprimento. Blockchain não é apenas uma tecnologia, mas uma nova maneira de estruturar a confiança em sistemas complexos, onde transparência e integridade são fundamentais. O verdadeiro poder dela não está na eliminação de intermediários, mas na criação de um modelo onde ninguém precisa duvidar da validade das informações, porque a própria estrutura garante isso. É um sistema que não exige confiança, porque a confiança está embutida no código.

Os diferentes tipos de blockchain podem ser categorizados principalmente como públicos e permissionados. Blockchains públicos, como Ethereum[61], são acessíveis a qualquer pessoa, enquanto os permissionados, como Hyperledger Fabric[62], são projetados para uso em consórcios privados, onde o controle de acesso é estritamente regulamentado. Cada abordagem oferece vantagens e desafios específicos, como maior privacidade em redes permissionadas versus maior descentralização nas públicas.

A relação entre blockchain e leis de privacidade é frequentemente conflituosa devido à imutabilidade intrínseca dos registros. Por exemplo, o "direito ao esquecimento" é difícil de implementar em blockchains, já que dados não podem ser simplesmente apagados.

Alternativas para mitigar esses desafios incluem side-chains, que funcionam como blockchains auxiliares conectados à principal, permitindo maior flexibilidade nas regras de privacidade. Soluções off-chain armazenam dados fora do blockchain, deixando no ledger apenas referências ou hashes criptográficos, protegendo assim informações privadas. Tecnologias como Hyperledger também oferecem frameworks modulares que suportam anonimização e controle granular de acesso.

O European Parliamentary Research Service (EPRS) é um serviço de pesquisa interno do Parlamento Europeu, responsável por fornecer análises e estudos aprofundados para apoiar os parlamentares em suas decisões legislativas e políticas. Sua missão é garantir que os legisladores europeus tenham acesso a informações imparciais, detalhadas e baseadas em evidências, ajudando-os a compreender questões complexas e a formular políticas mais eficazes e bem informadas.

Dentro desse contexto, o EPRS desenvolveu um guia[63] focado nos desafios e implicações legais e técnicas do uso de tecnologias emergentes, como o blockchain, em conformidade com o Regulamento Geral de Proteção de Dados (GDPR). O guia busca orientar legisladores, empresas e desenvolvedores a navegar pelos aspectos regulatórios e operacionais dessa tecnologia, destacando práticas recomendadas para proteger dados pessoais e garantir a privacidade em redes descentralizadas.

O documento fornece uma base teórica sólida e recomendações práticas sobre como implementar blockchains de maneira que respeitem os princípios fundamentais de proteção de dados, incluindo privacidade por design e por padrão.

As orientações enfatizam que tecnologias como blockchain devem incorporar privacidade desde o design. Isso inclui princípios como minimização de dados, uso de pseudonimização e garantir que a coleta e o processamento sejam proporcionalmente justificáveis. O órgão de pesquisa também incentiva o uso de avaliações de impacto para identificar riscos e a implementação de medidas preventivas, alinhadas aos regulamentos existentes, além de destacar que o uso de blockchain requer uma adaptação às leis de proteção de dados, devido às características intrínsecas da tecnologia.

A blockchain deve ser desenhada para minimizar riscos de privacidade desde o início, adotando os princípios de privacidade por design e por padrão. Essas práticas incluem a implementação de medidas como pseudonimização, minimização de dados e a realização de avaliações de impacto à proteção de dados (DPIAs). O guia reforça que o foco deve estar na proporcionalidade entre a coleta e o processamento dos dados e as finalidades legítimas que justificam essas ações.

Um ponto crítico abordado pelo EPRS é o papel do controlador e do operador em um ambiente de blockchain. O controlador é definido como a entidade ou pessoa que determina as finalidades e os meios de processamento de dados pessoais. Em blockchains permissionadas, por exemplo, os membros do consórcio que estabelecem as regras da rede geralmente são considerados os controladores. Já o operador, que pode ser um nó específico ou uma entidade que executa ações técnicas para o funcionamento da blockchain, age em nome do controlador e, portanto, está vinculado aos termos estabelecidos pelo controlador, bem como à legislação aplicável.

A questão da responsabilidade também entra em pausa onde em redes permissionadas, a governança geralmente é centralizada, e os controladores são identificáveis, o que facilita a atribuição de responsabilidade legal. No entanto, em blockchains públicas e descentralizadas, a identificação de um controlador torna-se complexa, uma vez que não há uma única entidade ou pessoa determinando as finalidades do processamento. Nesses casos, os operadores individuais, como mineradores ou validadores, podem ser considerados responsáveis por suas contribuições específicas, dependendo de sua capacidade de influenciar o processamento de dados.

Além disso, o guia destaca que, em blockchains públicas, é importante considerar a adoção de tecnologias auxiliares para minimizar a exposição de dados pessoais. Soluções como hashes criptográficos, pseudonimização e armazenamento off-chain são recomendadas para reduzir o volume de dados armazenados diretamente na blockchain. Essas abordagens permitem que apenas dados irreversíveis ou referências sejam registrados no ledger, protegendo os direitos dos titulares e alinhando-se aos requisitos de proteção de dados.

Por fim, o EPRS aponta que a responsabilidade final depende da arquitetura da rede e da transparência dos participantes sobre seus papéis. Redes permissionadas possuem maior clareza quanto à governança e à responsabilização, enquanto blockchains públicas exigem um esforço adicional para definir contratos legais e termos de uso que atendam aos regulamentos locais e internacionais. Assim, embora a tecnologia blockchain tenha o potencial de aumentar a transparência e a segurança, ela também demanda uma adaptação robusta para garantir conformidade regulatória e proteger os direitos dos titulares de dados.

> Como exemplo prático, em um sistema de supply chain, use uma side-chain para registrar apenas hashes de dados pessoais (ex.: SHA-256 de um email), mantendo os detalhes fora da blockchain principal. Isso corta o risco de exposição direta.

Concluindo, blockchain oferece potencial para resolver problemas complexos em diversas indústrias, mas sua aplicação deve ser cuidadosamente arquitetada para equilibrar imutabilidade e privacidade. Soluções híbridas que combinam blockchains permissionados com mecanismos off-chain mostram-se promissoras para atender aos requisitos legais e operacionais sem comprometer os benefícios tecnológicos.

ZERO-KNOWLEDGE PROOF (ZKP) - PROVA DE CONHECIMENTO ZERO

Zero-Knowledge Proof é uma técnica criptográfica que permite a um indivíduo (o provador) demonstrar para outra parte (o verificador) que uma afirmação é verdadeira sem revelar nenhuma informação adicional além da veracidade da própria afirmação. Em termos simples, o provador pode convencer o verificador de que possui um certo conhecimento ou atende a uma condição específica sem expor detalhes subjacentes. Por exemplo, ZKP pode ser usado para provar que uma pessoa é maior de idade sem revelar sua data de nascimento.

> Era uma vez, em uma cidade medieval, um comerciante chamado Lucas que vendia joias raras e caras. Lucas tinha um segredo: ele sabia onde estava escondido um cofre cheio de diamantes preciosos, mas nunca quis revelar o local para ninguém. Certo dia, um nobre apareceu em sua loja, disposto a comprar um diamante, mas queria garantir que Lucas realmente tinha acesso ao cofre antes de pagar. O problema era que Lucas não confiava no nobre o suficiente para mostrar a localização do esconderijo. Foi aí que Lucas teve uma ideia brilhante.

> Ele disse ao nobre: "Vou provar que posso acessar o cofre sem te mostrar onde ele está." Lucas então levou o nobre até uma floresta com muitas trilhas, todas levando a um ponto de entrada idêntico. Lucas entrou sozinho por uma das trilhas e, após alguns minutos, apareceu novamente com um diamante em mãos. O nobre ficou impressionado, pois Lucas demonstrou claramente que tinha acesso ao cofre, mas sem revelar qual trilha era a certa ou onde os diamantes estavam escondidos.
>
> Assim como Lucas conseguiu provar que sabia algo (a localização do cofre) sem revelar o segredo em si, ZKP permite que alguém demonstre a veracidade de uma informação sem compartilhar os dados subjacentes. Essa técnica é usada em sistemas modernos para proteger a privacidade, como em transações financeiras, onde é possível verificar se alguém tem saldo suficiente para uma compra sem expor seu extrato bancário ou detalhes pessoais.

A importância de ZKP para privacidade e proteção de dados está em sua capacidade de minimizar a exposição de informações durante verificações ou transações. Em cenários onde dados de pessoas estão envolvidos, como autenticação, transações financeiras ou verificações de identidade, ZKP pode eliminar a necessidade de compartilhar informações além do necessário. Isso atende ao princípio de minimização de dados e reduz significativamente o risco de vazamentos e violações, uma vez que os dados subjacentes não são transmitidos ou armazenados.

Os engenheiros de software podem utilizar ZKP em diversos projetos para aumentar a privacidade e a segurança. Em sistemas de autenticação, por exemplo, ZKP pode ser empregado para validar credenciais de login sem transferir senhas ou identificadores sensíveis. Em blockchains, essa técnica é usada para realizar transações privadas, permitindo que valores e participantes permaneçam anônimos enquanto a integridade da transação é verificada. Em sistemas de verificação de identidade, ZKP pode garantir que uma pessoa atende a certos critérios (como ser residente de um país específico) sem expor outros dados pessoais.

O caso da World Network[64] envolvendo a coleta de dados biométricos da íris humana mediante pagamento para emissão de uma identidade digital suscitou amplos debates sobre privacidade e segurança. A World Network utiliza dispositivos chamados Orb, que capturam imagens da íris dos usuários para gerar uma identificação única, conhecida como World ID. Esses dados são utilizados para criar uma identidade digital vinculada a um sistema descentralizado. Em troca da participação, os usuários recebem recompensas financeiras, como o token Worldcoin (WLD). O objetivo é criar uma infraestrutura global de prova de humanidade, que possa ser usada para diferentes finalidades, como evitar bots, autenticar transações e possibilitar o acesso universal à economia digital.

Um dos aspectos técnicos centrais do projeto é o uso de Zero-Knowledge Proofs (ZKP), uma técnica criptográfica avançada que permite aos usuários provar que possuem uma World ID válida sem revelar informações adicionais sobre sua identidade ou biometria. Isso garante que os dados biométricos capturados sejam processados e armazenados localmente no dispositivo Orb e nunca sejam transmitidos na íntegra para servidores centrais. Somente os códigos de identificação são utilizados para verificação, o que reduz significativamente os riscos de exposição de dados pessoais sensíveis.

A decisão de usar ZKP é especialmente importante porque equilibra as demandas por privacidade com a necessidade de autenticação confiável em escala global. Esse mecanismo impede que terceiros, incluindo a própria World Network, tenham acesso direto às imagens da íris ou a outras informações pessoais dos usuários. A World Network busca garantir que a identidade de cada indivíduo seja única e intransferível, mesmo em caso de tentativa de fraude ou comprometimento de credenciais.

Apesar dessas medidas avançadas de segurança, a coleta de dados biométricos mediante pagamento gerou preocupações éticas e regulatórias. Críticos argumentam que oferecer incentivos financeiros pode levar populações vulneráveis a compartilhar seus dados sem compreender plenamente os riscos. A confiabilidade de sistemas baseados em dispositivos como o Orb também é questionada, especialmente em relação à possibilidade de ataques físicos ou técnicos que comprometam a segurança dos dispositivos.

A implementação de ZKP exige familiaridade com bibliotecas e frameworks especializados. Ferramentas como zk-SNARKs e zk-STARKs oferecem estruturas robustas para integrar ZKP em sistemas modernos. Além disso, linguagens como Rust, que possuem bibliotecas dedicadas para ZKP, podem ser úteis. É importante que os engenheiros entendam não apenas os fundamentos matemáticos de ZKP, mas também sua aplicação prática, garantindo que a tecnologia seja usada de maneira eficiente e segura.

Por exemplo, em um sistema de votação anônima, use zk-SNARKs para garantir que o voto é válido sem mostrar quem votou. Com snarkjs, crie um circuito que checa se a idade é maior que 18, gere a prova com groth16.full e depois prove e valide com groth16.verify. Comece com algo pequeno para pegar o jeito, como por exemplo básico com a biblioteca *snarkjs* em Javascript:

```javascript
const { groth16 } = require("snarkjs");
// Geração e verificação de prova (simplificado)

const proof = await groth16.fullProve({ input: 18 }, "circuit.wasm", "zkey");

const verified = await groth16.verify("verification_key.json", proof);
```

```
console.log("Voto válido?", verified);
```

Isso prova que o usuário tem mais de 18 anos sem expor a idade exata. Claro, o exemplo acima é bastante simplificado, apenas para demonstrar como seria uma implementação prática do coração pulsante de uma prova ZKP, contudo, todo o sistema e infraestrutura que condiciona essa execução precisa ser pensado e projetado para cumprir a mesma finalidade.

Por fim, a adoção de ZKP é um passo significativo para atender aos padrões de privacidade cada vez mais exigentes no mercado. Sua aplicação pode transformar sistemas em soluções mais confiáveis, protegendo tanto os dados dos usuários quanto a reputação das organizações. Engenheiros de software que dominam essa tecnologia podem não apenas resolver desafios técnicos, mas também agregar valor estratégico em projetos que busquem diferenciar-se pelo compromisso com a privacidade e a segurança.

TESTE DE SOFTWARE PARA PRIVACIDADE

As ferramentas de teste são componentes essenciais para garantir a segurança e a privacidade em sistemas. No contexto de segurança, soluções como o OWASP ZAP (Zed Attack Proxy) e o Burp Suite são amplamente utilizadas para identificar vulnerabilidades em aplicações web. Essas ferramentas permitem a simulação de ataques, como injeções de SQL e exploração de falhas XSS, fornecendo insights detalhados sobre pontos fracos no sistema. Para testes de privacidade, ferramentas como o Databunker ajudam a auditar o uso de dados pessoais, avaliando se práticas de coleta, armazenamento e compartilhamento de dados estão alinhadas com as normas estabelecidas. Além disso, frameworks de automação como Selenium podem ser integrados para validar fluxos de dados que envolvem informações pessoais.

O papel do DPO (Data Protection Officer) na solicitação de relatórios de testes de segurança e privacidade é fundamental para manter a organização em conformidade. O DPO pode exigir que o time de TI apresente evidências documentadas de testes realizados, como logs de varreduras de vulnerabilidade, resultados de simulações de ataques e auditorias de conformidade de privacidade. Esses relatórios devem incluir detalhes como as vulnerabilidades identificadas, os riscos associados e as ações corretivas implementadas. Além disso, o DPO pode cobrar métricas específicas, como a porcentagem de falhas resolvidas em relação às descobertas, e assegurar-se de que os testes sejam realizados periodicamente.

Garantir a segurança comprovada em sistemas é um desafio constante para as equipes de TI, principalmente devido à complexidade crescente das arquiteturas e ao volume de dados processados. A execução de testes regulares exige tempo, recursos e expertise, o que pode ser um obstáculo em ambientes com prazos apertados. Além disso, a TI enfrenta o desafio de manter registros rastreáveis dos testes realizados, garantindo que todas as evidências estejam disponíveis para auditorias futuras. Implementar pipelines de CI/CD seguros com etapas automatizadas de validação e integração de ferramentas de segurança ajuda a mitigar esses desafios e aumentar a eficiência do processo.

O OWASP, referência global em segurança de aplicações, fornece uma base sólida para estruturar testes, com projetos como o OWASP Top Ten, que lista as principais vulnerabilidades em sistemas web, e o OWASP Security Knowledge Framework, que orienta equipes sobre como construir aplicações seguras. A utilização dessas diretrizes em conjunto com ferramentas específicas garante que as práticas de teste sejam suficientes e eficazes, cobrindo desde a detecção de falhas técnicas até a análise de conformidade com princípios de privacidade, como minimização de dados e controle de acesso.

Por fim, o alinhamento entre o DPO e a equipe de TI é necessário para o sucesso dos testes de segurança e privacidade. Enquanto o DPO define as metas e os requisitos regulatórios a serem cumpridos, a TI implementa as ferramentas e realiza as verificações técnicas. Essa colaboração garante não apenas a segurança dos sistemas, mas também a criação de um ambiente de confiança, onde a proteção dos dados é tratada como prioridade estratégica. Ferramentas como o JIRA ou Trello podem ser utilizadas para centralizar o gerenciamento de tickets relacionados a testes e auditorias, assegurando a rastreabilidade e a comunicação eficiente entre as equipes.

CHECKLIST DE AÇÕES PRÁTICAS

☐ Configurei varreduras de segurança no pipeline CI/CD (ex.: Snyk no GitHub Actions) desde o início do projeto.
☐ Modelei ameaças para identificar riscos em cada etapa do projeto.
☐ Validei entradas e saídas para prevenir injeções e ataques de script.
☐ Apliquei autenticação forte e controle de acesso em todas as aplicações.
☐ Integrei segurança e conformidade nas pipelines de CI/CD.
☐ Monitorei continuamente vulnerabilidades em bibliotecas e dependências externas.
☐ Configurei ferramentas para análise estática e dinâmica de código.
☐ Executei testes de penetração em APIs de terceiros com OWASP ZAP e validei conformidade com políticas de privacidade.
☐ Realizei testes regulares para verificar o impacto de mudanças no código.
☐ Documentei todas as vulnerabilidades identificadas e as ações corretivas tomadas.
☐ Usei frameworks como OWASP ZAP para testar aplicações contra as principais ameaças.
☐ Validei que os dados manipulados por APIs estão protegidos contra acessos indevidos

CONSIDERAÇÕES FINAIS

Quando mergulhei de cabeça no mercado de privacidade, quis escrever algo útil, que mostrasse aos técnicos como colocar esses conceitos em prática sem complicação.

Durante minha própria jornada de aprendizado, percebi que tinha espaço para esse tipo de conteúdo pois a maior parte dos materiais disponíveis focava nos aspectos jurídicos e regulatórios, frequentemente deixando de lado a pergunta que mais escutei dos profissionais técnicos: "Como implementar isso na prática?".

Essa obra foi minha tentativa de preencher esse vazio e de oferecer um guia que conecte a teoria à prática, ainda que de maneira bastante resumida para que você possa buscar mais dados e recursos para a sua própria implementação.

Ainda assim, é importante trazer que os aspectos técnicos são apenas uma peça do quebra-cabeça. A implementação de um programa de privacidade requer um entendimento sólido dos fundamentos jurídicos, éticos e organizacionais. Esses domínios de conhecimento formam a base sobre a qual as soluções técnicas são construídas. Saber interpretar as regulamentações e compreender os direitos dos titulares de dados, por exemplo, é fundamental para alinhar as práticas técnicas aos objetivos mais amplos de privacidade e proteção de dados.

Para os próximos passos em sua jornada, sugiro que avalie em que estágio você se encontra. Se já possui familiaridade com os fundamentos da privacidade e com as regulamentações aplicáveis, o aprofundamento em programas de governança de privacidade pode ser um excelente próximo passo. Isso inclui explorar como integrar privacidade em processos organizacionais, medir a maturidade das práticas de proteção de dados e implementar metodologias que garantam a conformidade contínua em ambientes corporativos dinâmicos.

Para avançar, experimente projetos práticos como configurar um servidor seguro com Nginx e LetsEncrypt, ou explore certificações como CIPT (IAPP), Exin ou ISACA. Ferramentas como Wireshark (análise de tráfego) e OpenSSL (criptografia) são ótimos pontos de partida. Inscreva-se em comunidades como OWASP Brasil para trocar experiências.

Caso este livro tenha sido sua introdução ao mundo da privacidade e proteção de dados, recomendo que comece a consolidar o entendimento dos conceitos fundamentais. Termos como autodeterminação informativa, minimização de dados e privacidade por design não são apenas palavras; eles representam princípios que orientam todas as decisões técnicas e da empresa em um programa de privacidade. Investir tempo em compreender esses conceitos é o primeiro passo para construir uma base sólida.

Independentemente de onde você esteja em sua jornada, não deixe de buscar atualização constante. O campo da privacidade evolui rapidamente, impulsionado por avanços tecnológicos e novas regulamentações. Acompanhar tendências como inteligência artificial responsável, neurotecnologia, segurança em dispositivos IoT e privacidade em ambientes de nuvem permitirá que você esteja sempre preparado para os desafios do mercado. Participar de comunidades, eventos e grupos de discussão também é uma forma valiosa de compartilhar experiências e aprender com outros profissionais.

Além disso, mantenha uma mentalidade prática e colaborativa. Privacidade e proteção de dados não são problemas que podem ser resolvidos isoladamente. Eles exigem a colaboração entre áreas como segurança da informação, desenvolvimento de software, jurídico e compliance. Ser um facilitador nesse diálogo interdisciplinar é uma habilidade indispensável para qualquer profissional da área.

Por fim, espero que este livro tenha oferecido insights valiosos e inspiração para você seguir explorando esse fascinante campo. Mais do que apenas implementar soluções técnicas, o trabalho com privacidade é uma oportunidade de contribuir para um mundo mais ético e respeitoso em relação às pessoas e seus dados. Espero que este livro te ajude a dar um passo adiante. Eu mesmo já quebrei a cara tentando encaixar privacidade em projetos corridos — mas aprendi que vale a pena. Boa sorte, e qualquer coisa, a gente se encontra por aí nas comunidades de tech!

GLOSSÁRIO

Embora o livro seja destinado para um público mais técnico, entendo que alguns termos não são familiares para o dia-a-dia de todo profissional, então preparei esse glossário com explicações simples sobre cada termo. Para um melhor entendimento sobre alguns conceitos você precisará buscar uma formação mais detalhada.

Termo	Explicação
Added-noise measurement obfuscation	Técnica que adiciona ruído estatístico aos dados para proteger a privacidade sem alterar tendências gerais. Usada em privacidade diferencial.
Anonymity Set	Conjunto de indivíduos em um dataset onde cada um é indistinguível de pelo menos k-1 outros, dificultando identificação (base do k-anonimato).
Attribute Based Credentials	Método de autenticação que revela apenas atributos específicos (ex.: 'maior de 18') sem expor dados completos como nome ou data de nascimento.
DevSecOps	Abordagem que integra

	segurança ao ciclo de desenvolvimento e operações, automatizando controles desde a concepção até o deploy.
Do Not Track (DNT)	Cabeçalho HTTP que permite ao usuário indicar preferência por não ser rastreado online, embora dependa de adesão voluntária dos sites.
DPIA (Data Protection Impact Assessment)	Avaliação de impacto à proteção de dados para identificar e mitigar riscos em projetos que processam informações pessoais.
Hardening	Processo de fortalecer a segurança de sistemas, removendo vulnerabilidades como serviços desnecessários ou permissões excessivas.
Hyperledger	Framework de blockchain permissionado para redes privadas, com foco em controle de acesso e privacidade em consórcios empresariais.
Identity Federation	Sistema de autenticação que permite login único (SSO) entre serviços, sem que o provedor de identidade rastreie todos os acessos.
K-anonimato	Técnica de anonimização que garante que cada

	registro em um dataset seja indistinguível de pelo menos k-1 outros, reduzindo riscos de reidentificação.
Location Granularity	Princípio de minimização que ajusta a precisão da localização coletada (ex.: cidade em vez de coordenadas exatas) para proteger a privacidade.
Masquerade	Técnica onde o usuário fornece dados alterados ou filtrados (ex.: e-mail alternativo) para ocultar sua identidade real.
Onion Routing	Método de roteamento que criptografa dados em camadas e os passa por vários nós (ex.: Tor), escondendo origem e destino.
P3P (Platform for Privacy Preferences)	Padrão W3C que facilita a comunicação de políticas de privacidade entre sites e navegadores, hoje pouco usado.
Privacy by Default	Princípio que configura sistemas para proteger a privacidade como padrão, sem exigir ação do usuário (ex.: cookies desativados por padrão).
Privacy by Design	Abordagem que incorpora privacidade desde a concepção de sistemas, considerando-

	a em todas as etapas do desenvolvimento.
Privacy Differential	Técnica que adiciona ruído controlado aos dados ou resultados de algoritmos para proteger informações individuais sem comprometer análises agregadas.
Pseudonymous Identity	Uso de identificadores alternativos (ex.: pseudônimos) que não revelam a identidade real, mas permitem interações consistentes.
Pseudonymous Messaging	Comunicação via pseudônimos ou intermediários, escondendo remetente e destinatário reais (ex.: e-mails descartáveis).
RBAC (Role-Based Access Control)	Controle de acesso baseado em funções, onde permissões são atribuídas conforme o papel do usuário no sistema.
Side-chains	Blockchains auxiliares conectadas à principal, permitindo flexibilidade em regras de privacidade sem alterar o ledger original.
Strip Invisible Metadata	Técnica que remove metadados ocultos (ex.: EXIF em fotos) para evitar exposição de dados pessoais como localização.

TC String	Cadeia de caracteres usada no IAB TCF para armazenar e transmitir preferências de consentimento do usuário em publicidade digital.
Tokenização	Substituição de dados sensíveis por tokens únicos, mantendo os originais em um cofre seguro, usada para proteger informações em testes ou transações.
Zero-Knowledge Proof (ZKP)	Técnica criptográfica que prova a veracidade de uma afirmação (ex.: 'sou maior de idade') sem revelar informações adicionais além disso.
zk-SNARKs	Tipo de ZKP (Zero-Knowledge Succinct Non-Interactive Argument of Knowledge) usado em blockchains para verificações privadas e eficientes.

---

[1] https://www.cloudflare.com/pt-br/learning/security/glossary/what-is-zero-trust/
[2] https://aws.amazon.com/what-is/api/
[3] https://security.virginia.edu/deepfakes
[4] https://www.fortunebusinessinsights.com/data-privacy-software-market-105420
[5] https://www.grandviewresearch.com/industry-analysis/privacy-management-software-market-report
[6] https://online.utulsa.edu/blog/data-privacy-officer/
[7] Warren, Samuel D., and Louis D. Brandeis. "The Right to Privacy."

Harvard Law Review, vol. 4, no. 5, 1890, pp. 193–220. *JSTOR*, https://doi.org/10.2307/1321160. Accessed 9 Feb. 2025.

[8] Sarlet, Ingo Wolfgang. "Proteção de dados pessoais como direito fundamental na constituição federal brasileira de 1988." *Direitos Fundamentais & Justiça* (2020).

[9] https://techcrunch.com/2025/02/06/openai-launches-data-residency-in-europe/

[10] https://www.edps.europa.eu/data-protection/our-work/subjects/eprivacy-directive_en

[11] https://www.government.nl/topics/european-union/question-and-answer/what-is-brexit

[12] https://iapp.org/resources/global-privacy-directory/

[13] https://www.europarl.europa.eu/RegData/etudes/ATAG/2020/652073/EPRS_ATA(2020)652073_EN.pdf

[14] A. Cavoukian, "PbD origin and evolution," Privacy by Design, 2012; http://privacybydesign.ca/

[15] https://www.ibm.com/think/topics/devsecops

[16] https://privacypatterns.org/

[17] https://iapp.org/resources/article/privacy-program-management/

[18] https://en.wikipedia.org/wiki/Ann_Cavoukian

[19] https://www.ibm.com/think/topics/end-to-end-encryption

[20] Cavoukian, Ann. "Privacy by design [leading edge]." IEEE Technology and Society Magazine 31.4 (2012): 18-19.

[21] https://gs.statcounter.com/

[22] Classen, J., Chen, Y.-S., Steinmetzer, D., Hollick, M., & Knightly, E. (2021). *Attacks on Wireless Coexistence: Exploiting Cross-Technology Performance Features for Inter-Chip Privilege Escalation.* arXiv preprint arXiv:2112.05719. Disponível em: https://arxiv.org/pdf/2112.05719. Acesso em: 02 de março de 2025

[23] https://www.geeksforgeeks.org/repository-design-pattern/

[24] https://en.wikipedia.org/wiki/Data_access_layer

[25] https://en.wikipedia.org/wiki/Transparent_data_encryption

[26] https://proxysql.com/

[27] https://www.pgbouncer.org/

[28] https://aws.amazon.com/pt/kms/

[29] https://azure.microsoft.com/pt-br/products/key-vault

[30] https://aws.amazon.com/pt/rds/

[31] https://www.keycloak.org/

[32] https://jwt.io/
[33] https://www.gpdp.it/web/guest/home/docweb/-/docweb-display/docweb/9988921
[34] https://www.terraform.io/
[35] https://docs.ansible.com/
[36] https://www.splunk.com/
[37] https://www.elastic.co/pt/elastic-stack
[38] https://github.com/tensorflow/privacy
[39] https://github.com/google/differential-privacy
[40] https://github.com/tensorflow/privacy
[41] https://arxiv.org/abs/cs/0610105
[42] https://petsymposium.org/popets/2023/popets-2023-0043.php
[43] https://linddun.org/ - Website da metodologia Linddun
[44] Article 29 Working Party (2018) Guidelines on Consent under Regulation 2016/679 (last revised and adopted on 10 April 2018), 17/EN, WP259 rev.01. https://ec.europa.eu/newsroom/article29/item-detail.cfm?item_id=623051
[45] https://digiday.com/sponsored/why-publishers-are-ready-to-end-the-high-cost-of-third-party-cookies-and-data-leakage/
[46] Doneda, Danilo. "A proteção dos dados pessoais como um direito fundamental." *Espaço Jurídico: Journal of Law* 12.2 (2011): 91-108.
[47] https://edition.cnn.com/2024/02/04/asia/deepfake-cfo-scam-hong-kong-intl-hnk/index.html
[48] https://www.bbc.com/news/technology-49252501
[49] https://www.washingtonpost.com/technology/2022/05/31/abolish-privacy-policies/
[50] https://twitterdatadash.com/
[51] https://en.wikipedia.org/wiki/STRIDE_model
[52] https://threat-modeling.com/pasta-threat-modeling/
[53] https://techcrunch.com/2019/05/01/ladders-resume-leak/?guccounter=1
[54] http://securityweek.com/millions-of-user-records-stolen-from-65-websites-via-sql-injection-attacks/
[55] https://sqlmap.org/
[56] https://cve.mitre.org/
[57] https://nvd.nist.gov/
[58] https://www.theguardian.com/technology/2022/nov/28/meta-fined-265m-over-data-breach-affecting-more-than-500m-users
[59] Kapoor A, Vora A, Yadav R. Cardiac devices and cyber attacks:

How far are they real? How to overcome? Indian Heart J. 2019 Nov-Dec;71(6):427-430. doi: 10.1016/j.ihj.2020.02.001. PMID: 32248912; PMCID: PMC7136318.

[60] https://ansabrasil.com.br/english/news/science_tecnology/2025/02/28/interaction-between-ai-act-and-gdpr-risks-legal-uncertainty_ef33e5e8-7880-4872-be65-424c54c9c83f.html

[61] https://ethereum.org/

[62] https://www.ibm.com/br-pt/topics/hyperledger

[63] https://www.europarl.europa.eu/RegData/etudes/STUD/2019/634445/EPRS_STU(2019)634445_EN.pdf

[64] https://whitepaper.world.org/

SOBRE O AUTOR

Marison Souza

Sócio-fundador da Privacy Tools, a maior plataforma brasileira de privacidade e proteção de dados, engenheiro de software, perito judicial, especialista em Privacidade e Proteção de Dados pela Harvard University e ECPC pela Maastricht University.

Made in the USA
Columbia, SC
22 April 2025